BAND 24

Elmar Holenstein

China ist nicht ganz anders

*Vier Essays in
global vergleichender
Kulturgeschichte*

Ammann Verlag

Erste Auflage 2009
© 2009 by Ammann Verlag & Co., Zürich
Alle deutschsprachigen Rechte vorbehalten
www.ammann.ch
Satz: Gaby Michel, Hamburg
Druck und Bindung: Bercker, D-Kevelaer
ISBN 978-3-250-30024-3

INHALTSVERZEICHNIS

Einführung

Viele kennen die Anfangszeile von Rudyard Kiplings *Ballad of East and West* (1889). Sie kommt ihnen leicht über die Lippen. Sie haben sie unzählige Male zitiert gehört und gelesen:

> Oh, East is East, and West is West,
> and never the twain shall meet![1]

Aber nur wenige kennen die dritte und vierte Zeile, mit deren Wiederholung die Ballade dann auch schließt, und noch wenigere zitieren sie:

> But there is neither East nor West,
> Border, nor Breed, nor Birth,
> When two strong men stand face to face,
> tho' they come from the ends of the earth![2]

---

1 Die anschließende zweite Zeile lautet:
Till Earth and Sky stand presently at God's great Judgment Seat!
2 Hier eine freie Übersetzung aller vier Zeilen:
Osten ist Osten und Westen ist Westen,
und nie werden die zwei sich einen,
bis Himmel und Erde vor Gottes großem Richterstuhl erscheinen.
Aber es gibt weder Osten noch Westen,
weder Grenze, Geburt noch Rassen, noch Klassen,
wenn zwei starke Menschen sich treffen,
und kämen sie von den Enden der Erde.

Mit etwas Erfahrung und nach etwas Überlegung wird man weder dem ersten Vers noch dem dritten und vierten vorbehaltlos zustimmen. Es gibt glücklicherweise noch und noch Situationen, in denen Osten und Westen, Norden und Süden, Gene und Geschlecht, Rasse und Klasse, Region und Religion, kulturelle Herkunft und intellektuelle Ausrichtung, traditionelle Verwurzelung und moderne Heimatlosigkeit keine Rolle spielen. Aber es gibt auch genügend Gelegenheiten, bei denen die sich Begegnenden, mögen sie aus noch so entlegenen Teilen der Erde kommen, sich gerade deshalb glücklich schätzen, weil die anderen anders sind, anders fühlen, anders denken und sich anders verhalten. Sie schätzen es, von einer fremden Kultur auf etwas gestoßen zu werden, das sie selbst übersehen, vernachlässigt und vielleicht voreingenommen als minderwertig angesehen haben. Oder sie sind dankbar dafür, Menschen gefunden zu haben, die etwas erbringen, zu dem sie selber nicht fähig sind. Gar vieles gelingt nur in Kooperation mit anderen, die anders disponiert sind.

Das sind selbstverständliche Erfahrungen, wenn es sich um Zusammenschlüsse von Individuen innerhalb der gleichen Kultur handelt. Aber sie stoßen auf Skepsis, wenn Individuen und erst recht ganze Gruppen aus verschiedenen Kulturen aufeinandertreffen, die einen aus einer sogenannten traditionellen, die anderen aus einer sogenannten modernen Kultur kommend. Es gibt offensichtlich unterschiedliche Veranlagungen. Die einen stoßen sich spontan an der Andersartigkeit des Fremden, andere sind verblüfft von der Gleichheit der Gefühle und Überzeugungen der Menschen, die sie in weit entfernten Erdteilen kennenlernen. Man muß sich hier vor den großen Vereinfachern hüten. Es soll indische Advaita-Lehrer geben, denen zufolge man schon dann Gewalt ausübt, wenn man den andern als anderen bezeichnet.[3] Aber man kann ebenso der Meinung sein, daß man anderen Gewalt antut, wenn man mit einer pauschalen Alleinheits-Lehre ihre Verschiedenheit nicht gelten läßt.

Kulturen sind komplexer, uneinheitlicher Natur. Sie sind voller innerer Gegensätze. Sie lassen sich weder restlos auseinanderdividieren noch auf einen einfachen gemeinsamen Nenner bringen. Die gleichen Ideologen, die in anderen Kulturen nur das Andere, überhöht zum »ganz Anderen«, sehen,[4] sind merkwürdigerweise blind für die Heterogenität ihrer eigenen Kultur. Es ist an der Zeit, über einfache Zweiteilungen wie Osten und Westen, Christentum und Islam, Europa und China hinauszukommen.

Im vergangenen Jahrhundert war es selbst unter Wissenschaftlern Mode, für die verschiedenen Kulturen nicht einmal so allgemeine Begriffe wie Religion und Staat gelten zu lassen und für die Sprache so grundlegende Kategorien wie Nomen und Verbum. Die Divergenzen sind in der Tat immer wieder überraschend, aber ebenso sind es die unterschwelligen Überlappungen. Kaum kommt es zu Kontakten zwischen zwei Kulturen, kommt es auch zu wechselseitigen Angleichungen. Ein aktuelles Beispiel genügt zur Illustration. Schon bezeichnen Politologen die staatlichen Maßnahmen zur Behebung der globalen Finanzkrise nicht mehr als »sozialistisch«, sondern als »konfuzianisch«. Im Auge haben sie eine staatliche Intervention, die es nicht auf die Aufhebung von Selbsthilfe und Marktwirtschaft, sondern auf deren Schutz und Stimulation

---

3 Ilja Trojanow, *An den inneren Ufern Indiens,* München: Piper, 2006: 153.
4 Kulturwissenschaftler haben für das Festlegen anderer auf eine imaginierte Andersheit den Ausdruck *othering* geprägt. Vgl. Norbert Mecklenburg, *Das Mädchen aus der Fremde: Germanistik als interkulturelle Literaturwissenschaft,* München: iudicium, 2008: 238 ff.

abgesehen hat. In Wirklichkeit kam eine Konzeption staatlicher Herrschaft zum Zuge, die seit Jahrtausenden in Europa wie in Asien anzutreffen ist und in der Geschichte Chinas höchstens stärker ausgeprägt ist.[5] Doch nun knallen in den Journalen Schnellschüsse: »We are all Chinese now.«[6]

Hermann Hesse hatte sich vor bald einem Jahrhundert umsichtiger geäußert:

> Es zeigt sich, daß das Denken des alten China für uns keineswegs eine entlegene Kuriosität ist, sondern uns in Wesentlichem bestätigt, in Wesentlichem berät und hilft. Nicht daß wir aus [Chinas] alten Weisheitsbüchern plötzlich eine neue, erlösende Lebensauffassung gewinnen könnten, nicht als ob wir unsere westliche Kultur wegwerfen und Chinesen werden sollten! Aber wir sehen im alten China Hinweisungen auf eine Denkart, welche wir allzu sehr vernachlässigt haben; wir sehen dort Kräfte gepflegt und erkannt, um welche wir uns, mit anderem beschäftigt, allzu lange nicht mehr gekümmert haben.[7]

* * *

Die vier folgenden Essays versuchen nicht pauschal und thesenhaft, sondern konkret an ausgewählten kulturellen Erscheinungen Gleichheit und Verschiedenheit weit auseinanderliegender Zivilisationen, die sich jahrtausendelang nur geringfügig und meist bloß indirekt beeinflußt haben, aufzuzeigen. Interkultu-

---

5 Vgl. dazu unten S. 74 ff.

6 David Ignatius, »A Bailout Beijing Would Cheer«, in: *Washington Post,* October 16, 2008.

7 »Chinesische Betrachtungen«, in: *Neue Zürcher Zeitung,* 25. Dezember 1921, leicht gekürzt.

relle Konvergenzen und Divergenzen gewinnen an Konturen, wenn man beide als solche anerkennt und in ihrer Verwobenheit miteinander zur Darstellung bringt. Für eine erklärende Kulturwissenschaft sind vergleichende Studien unabdingbar. Wenn man glaubt, daß alle menschlichen Überzeugungen und Praktiken kulturell bedingt sind, dann sind sie interkulturell zu überprüfen. Manche Diagnosen lassen sich so breiter absichern. Anderen fehlen die Stützen in anderen Erdteilen; sie knicken ein.

Der einleitende erste Essay, *Komplexe Kulturen,* befaßt sich grundsätzlich mit der internen Heterogenität der Kulturen, deren Ursachen und Folgen. Die Ursachen sind biologischer (Lebensalter, Geschlecht, Verwandtschaft), ökonomischer (Arbeitsteilung), geographischer (regionale Verschiedenheit) und, philosophisch am interessantesten, inhaltlicher und werttheoretischer Art: Die einzelnen Bestandteile einer Kultur (z. B. Sprache und Religion) ändern sich nicht gleichmäßig, und die Werte, die von den Menschen universal geschätzt werden, lassen sich nicht zusammen optimal realisieren. Zwei Folgen sind: (a) Ein *Clash of Civilizations* ist unausweichlich ein *Clash of Complex Civilizations,* das heißt ohne einlinigen und stabilen Frontverlauf. (b) In der Geschichte komplexer Kulturen finden sich stets einheimische Ansätze zur Begründung von »modernen« Entwicklungen, mit denen man aus dem »Westen« konfrontiert wird.

Der zweite Essay, *China – eine altsäkulare Zivilisation,* lenkt die Aufmerksamkeit auf eine historische Tatsache, von der man meinen sollte, sie sei unübersehbar: Wir leben nicht allein in der »nordatlantischen Welt« (in Europa und Nordamerika) seit gut dreihundert Jahren in einem »säkularen Zeitalter«. Ostasien kennt eine säkulare Zivilisation, die sich dort im Unterschied zu den Ansätzen dazu im Mittelmeerraum seit der Achsenzeit, d. h. seit gut zweieinhalbtausend Jahren, kontinuierlich zu halten vermochte. Von größerer politologischer Wichtigkeit als dieser geschichtliche Unterschied ist jedoch etwas anderes, das sich bei einem kontrastierenden Vergleich der altsäkularen Zivilisation Chinas mit dem modernen säkularen »Westen« alsbald abzeichnet: In China hat man anders als im »Westen« keinen Anlaß anzunehmen, daß Religion und Moral zwar grundsätzlich trennbar sind, daß jedoch die säkularen moralischen, sozialen und politischen Wertvorstellungen in genetischer Hinsicht insgeheim nach wie vor von der Religion und ihrer langen Geschichte getragen werden, von denen man glaubt, daß man über sie hinausgewachsen ist. Vor allem deutsche Politologen, allen voran Ernst-Wolfgang Böckenförde, sind überzeugt, daß wir in einer freiheitlichen Demokratie auch in Zukunft auf diese Quellen angewiesen bleiben. Böckenfördes Problem stellt sich in China nicht oder vielmehr: In China kann man den Schlüssel zu seiner Lösung finden, falls man ihn in der eigenen Tradition aus dem Auge verloren hat.

Der dritte Essay, *Chinesisches in europäischen Alphabetschriften,* zeigt an einem griffigen und dazu im wörtlichen Sinn anschaulichen Beispiel, daß einfache kulturelle Zweiteilungen – Europäisches hier, Chinesisches dort – nicht zu halten sind. Es ist nicht so, wie es bei oberflächlicher Betrachtung erscheint, daß die chinesische Schrift und die in Europa üblichen Alphabetschriften einander diametral entgegengesetzt sind. Weder ist die chinesische Schrift eine ausschließlich pikto- und logographische (d. h. bildhaft ganze Worte wiedergebende) Schrift, noch sind die europäischen Schriften reine Lautschriften. Chinesische Schriftzeichen sind voller lautlicher und alphabetische Schreibweisen voller semantischer Informationen. Es ist auch nicht so, daß die Schriftgeschichte insgesamt in die Richtung rein alphabetischer Lautschriften tendiert. Bei den heute zur

12

Verfügung stehenden technischen Kommunikationsmitteln feiern piktographische und logographische Schriftzeichen regelrecht »fröhliche Urständ«. Die Schriften der Menschheit sind ein Paradebeispiel für die kulturtheoretische Daumenregel, daß etwas, das in einer Kultur besonders stark ausgeprägt ist, in vielen anderen Kulturen zumindest ansatzweise gleichfalls zu finden ist.

Der abschließende vierte Essay, *Die Schweiz – ein Studienobjekt interkultureller Politologie,* befaßt sich mit drei Themen. (a) Informelles Recht, das als typisch für ostasiatische Staaten, Japan ebenso wie China, gilt, hat auch in der Schweiz eine beachtliche Tradition. Sie ist jedoch zur Zeit in der Schweiz stärker gefährdet als in Ostasien. (b) Kollektive Rechte, denen man im liberalen »Westen« mit Mißtrauen begegnet, sind in der für ihre Freiheitsliebe viel gerühmten Schweiz, wie die Verfassungsbestimmungen zum Schutz gefährdeter Landessprachen beweisen, eine Selbstverständlichkeit. (c) Die Schweiz verstand es 1848, in einer epochalen Umbruchsituation, archaische (»mittelalterliche«) und moderne politische Strukturen umsichtig zu fusionieren. Es ist ihr damit beispielhaft die Lösung eines Problems gelungen, mit dem sich asiatische und afrikanische Staaten heute konfrontiert sehen.

Für politische Philosophen aus der Schweiz ist nichts befreiender, als das kleine und enge Land, in das sie hineingeboren wurden, gezielt in einem kulturvergleichenden Horizont zu betrachten. In einer sprichwörtlichen Nußschale *(in nuce* bzw. *en miniature)* erhalten sie Probleme deutlich vorgestellt, die heute diffus rund um den Globus anstehen.

Wie im *Philosophie-Atlas* wird auch in diesem Band vom Gebrauch von Bezeichnungen fremdkultureller Lehren, die auf *-ismus* und *-istisch* enden (*Buddhismus, Daoismus, buddhistisch, daoistisch* usw.) Abstand genommen. Solche Bezeichnungen werden (nach dem Beispiel der gängig gewordenen Unterscheidung von *Islam* und *Islamismus*) ausschließlich für ideologische Varianten dieser Lehren sowie (zwischen Anführungszeichen) als Zitate und in Zitaten benutzt. An ihrer Stelle werden die Eigenbezeichnungen für diese Lehren verwendet, so für den »Buddhismus« *Buddhadharma* (Sanskrit), *Fojia(o)* (chinesisch) und *Bukkyo* (japanisch). In Adjektiven wird das Suffix *-itisch* (*buddhaitisch, daoitisch* nach dem Vorbild von *israelitisch, sunnitisch* u. ä.) gebraucht.[8]

---

8 Mehr dazu im *Philosophie-Atlas,* Zürich: Amman, 2004: 26 ff., unter dem Titel »Cultural Politeness«.

Komplexe Kulturen

Kulturelle Traditionen sind keine kompakten, deutlich voneinander abgehobenen und homogenen Einheiten. Sie sind in aller Regel kontinuierlich ineinander übergehende und übergreifende und entsprechend heterogene Gebilde. Die Grenzen von Kontinenten, Klimazonen, Populationen (*alias* »Rassen« und Ethnien), Staaten, Wirtschaftsregionen, Sprachen, »Mentalitäten«, Religionen und anderen (ethischen oder ästhetischen) Wertegemeinschaften decken sich nicht. Zu keiner Zeit waren die konventionellen Grenzen Europas auf der ganzen Linie zugleich klimatische, ethnische, staatliche, ökonomische, sprachliche, religiöse oder Mentalitätsgrenzen. Selbiges gilt für Südasien (Indien), das von der übrigen asiatischen Landmasse geographisch deutlicher abgegrenzt ist als Europa. Erst recht gilt dies für das »Mittelland« *Zhongguo* (China) mit seiner unbeständigen Ausdehnung, seinen Aufspaltungen, Sezessionen und Fremdherrschaften, mit seinen freiwilligen und unfreiwilligen Tributstaaten und mehr oder weniger sinisierten, abwechselnd sinophilen und sinophoben Nachbarregionen.

Im gleichen Klima gedeihen Raub- und Beutetiere und spalten sich die Menschen in Kriegsbefürworter und Kriegsgegner. Sprecher der gleichen Sprache gehören verschiedenen Religionen an. Anhänger der gleichen Religion pflegen eine unterschiedliche Philosophie, eine rationalistische die einen, eine mystische die anderen. Im gleichen industrialisierten Staat gibt es Kapitalisten und Sozialisten.

Warum sind kulturelle Traditionen nicht so homogen, wie es viele Philosophen über Jahrhunderte hinweg behaupteten und wie es politische Ideologen noch immer verkünden? Warum sind Kulturen oder, um das im Englischen geläufigere Wort zu benutzen, Zivilisationen so komplex und facettenreich? Eine erste Erklärung liegt auf der Hand. Die einzelnen Komponenten einer Kultur wirken wohl aufeinander ein und färben aufeinander ab. Die Konvergenz ist jedoch nie von Dauer, die Ursachen für ihren Wandel sind zu verschieden. Für den Sprachwandel sind andere Ursachen ausschlaggebend als für den Wandel der Religionen und für Bevölkerungsverschiebungen andere als für die Verschiebungen der Staatsgrenzen. Mentale Veränderungen folgen nicht nur wirtschaftlichen Veränderungen. Die Eigenschaften, mit denen man in der Vergangenheit versucht hat, eine Kultur zu definieren, sind weder koextensiv noch kovariabel.

Für Sozialanthropologen ist die Komplexität der Kulturen einer der wichtigsten Gesichtspunkte, von denen aus sie eine Kultur charakterisieren. Statt von »Hochkulturen« wie früher sprechen sie heute lieber von »komplexen Gesellschaften« oder, wenn auch etwas weniger geläufig, von »komplexen Kulturen« und »komplexen Zivilisationen«. Die neuen Begriffe sind weniger wertend. Sie verleiten nicht zur Annahme, daß die Entwicklung hin zu städtischen Kulturen und zu überregionalen Staaten in jeder Hinsicht als Fortschritt verbucht werden kann. Vor allem aber lenken sie die Aufmerksamkeit auf die Tatsache, daß es nicht nur zwischen den Kulturen markante Unterschiede gibt, sondern gleichfalls innerhalb ein und derselben Kultur.

Beachtliche Unterschiede gibt es schon in den archaischen

Kulturen, die man früher als »primitive Kulturen« von den »Hochkulturen« unterschied. In ihnen findet man jedoch fast ausschließlich Unterschiede, die biologisch bedingt sind, Unterschiede in Abhängigkeit vom Lebensalter, vom Geschlecht und von der Verwandtschaftsbeziehung. Das unterschiedliche Verhalten der Menschen zueinander, abhängig vom Grad ihrer Verwandtschaft, kann dabei von einer für »moderne« Menschen kaum zu fassenden Vertracktheit sein. Der wichtigste Faktor für den Wandel solcher Gesellschaften scheinen ökologische, also ebenfalls natürliche Bedingungen zu sein. Im Englischen, in dem der Begriff »Kultur« im Plural weniger geläufig ist als im Deutschen, bezeichnet man eine solche Gesellschaft, wenn sie sich über einen längeren Zeitraum erstreckt, auch einfach als *cultural complex*.[1]

Mit der Domestikation von Pflanzen und Tieren und anschließend mit der Gründung von Städten und überregionalen Staaten kommen neue, nicht mehr biologisch zu erklärende Unterschiede hinzu, solche zwischen verschiedenen Berufen (Bauern, Viehzüchtern, Handwerkern und Kaufleuten), zwischen Besitzenden und Besitzlosen, zwischen Gebildeten und Ungebildeten, zwischen Regierenden und Regierten, zwischen Militärs und Zivilpersonen, zwischen Stadt und Land und zwischen Zentrum und Peripherie. Es sind dies alles Faktoren, die einen Einfluß darauf haben, wie sich die Menschen verstehen und was sie aus sich, ihrer Natur und ihrer überlieferten Kultur machen. Jede der genannten Berufsgruppen und gesellschaftlichen Schichten entwickelt eine etwas andere Weltsicht und pflegt eine andere Rangordnung von Tugen-

---

1 Eine vielfach zitierte Definition von »Kultur« lautet: »Culture, or civilization, [...] is that complex whole which includes knowledge, belief, art, law, morals, custom, and habits acquired by man as member of society« (Tylor, 1871: 1).

17

den. Darum ist es bekanntlich weiser, daß Philosophen keine hohen Regierungsämter übernehmen und umgekehrt die Regierenden sich nicht auch als philosophische Autoritäten verstehen. Die für die beiden Berufsstände erforderlichen Einstellungen, Prioritäten, Fähigkeiten und Tugenden sind zu verschieden. Sie hemmen sich wechselseitig in ihrer Entfaltung.

Obwohl es sich hierbei nicht um natürliche, biologische Faktoren handelt, die für die Gliederung archaischer Gesellschaften entscheidend sind, sondern um historische, also kulturelle Faktoren, haben sie mit den biologischen doch etwas gemeinsam: Sie alle sind transkulturelle Faktoren. Sie haben ihren Ursprung nicht in spezifischen Kulturen, sie sind nicht auf die ethnische Herkunft, die Sprache oder die Religion der Menschen zurückführbar. Keiner Kultur, keiner großen Religion und keiner modernen Gesellschaftsideologie ist es gelungen, einen der neuen Unterschiede dauerhaft rückgängig zu machen. Noch jede von ihnen hat sich veranlaßt gesehen, diesbezüglich Kompromisse einzugehen, auch wenn diese ihrem ursprünglichen Anliegen, ihrer »reinen Lehre«, noch so widersprachen. Die Unterschiede zwischen Armen und Reichen, Gebildeten und Ungebildeten, Vorgesetzten und Untergebenen und solche zwischen verschiedenen Berufen lassen sich höchstens in Kleinstgruppen aufheben. Derartige Gruppierungen sondern sich jedoch mit einem kaum vermeidbaren sektiererischen Charakter nicht allein von den »Großgesellschaften« in ihrer Umgebung ab, sondern heben sich auch auf eine gekünstelte Weise von den archaischen Gesellschaften ab, die sie gerne wiederherstellen möchten.

Der philosophisch interessanteste Erklärungsgrund für die Komplexität der Kulturen liegt in der Komplexität der menschlichen Wertesysteme. Nicht allein die menschlichen Kulturen sind Gebilde voller interner Spannungen, auch die menschlichen Wertesysteme sind es. Die Werte, die den Menschen lieb und teuer sind, ergeben keine Pyramide, in der die einzelnen Werte harmonisch und konfliktlos einander über-, unter- oder nebengeordnet sind. Die einzelnen Werte lassen sich nicht gleichzeitig optimal realisieren. Die optimale Realisierung eines Wertes ist nicht zugleich der optimalen Realisierung jedes anderen Wertes förderlich. Wertedilemmata, -konflikte und -antagonismen sind unvermeidlich. Eine stark ausgeprägte individuelle Freiheit verträgt sich nicht mit optimaler sozialer Gerechtigkeit, radikale »Selbstverwirklichung« (in klassischer deutscher Sprache) oder »Selbstkultivation« (*xiushen* in klassischer chinesischer Sprache) nicht mit dem Ideal der Gleichheit aller. »Das größtmögliche Glück der größtmöglichen Zahl« oder zumindest den größtmöglichen Wohlstand der überwiegenden Mehrheit erreicht man nicht in einer fundamentalistischen kommunistischen Gesellschaft, in der alle unabhängig von ihren Fähigkeiten und Leistungen gleich viel besitzen und den gleichen Lohn erhalten. Man erreicht sie eher in einer umsichtig regulierten marktwirtschaftlichen Gesellschaft, in der es einigen besser geht als der Gesamtheit. Über die Frage, wie vielen es besser gehen soll als der großen Mehrheit und wie viel, damit es allen besser geht, wird man sich allerdings nie einigen. Unbeständige Faktoren spielen eine schwer abzuschätzende Rolle. Darum gibt es in allen freiheitlichen Rechtsstaaten politische Parteien, die sich das größte Glück und Wohl der gesamten Bevölkerung von mehr individueller Freiheit versprechen, und solche, die es bei mehr Gleichheit erwarten. Ein Ende der Geschichte ist zumindest für solche Parteien nicht in Sicht.

Transkulturelle Wertesysteme und Wertekonflikte

Es ist nicht so, daß sich die verschiedenen Kulturen durch je andere Grundwerte auszeichnen. Die Grundwerte, die in einer Kultur besonders ausgeprägt sind und die für sie als »typisch« angesehen werden (zum Beispiel die »Fünf Tugenden« der konfuzianischen Ethik: Menschlichkeit *ren*, Rechtschaffenheit *yi*, Sittlichkeit *li*, Weisheit *zhi* und Vertrauenswürdigkeit *xin*) findet man zumindest dem Ansatz nach auch in jeder anderen Kultur, die sich über einen größeren Raum und eine längere Zeit erstreckt. Ähnlich wie die primären Emotionen (Glück, Traurigkeit, Zorn, Ekel, Furcht) den Menschen aller Kulturen vertraut sind, so findet sich auch die Palette der Grundwerte in allen komplexeren menschlichen Kulturen. Und wie die einzelnen Menschen und Kulturen sich nur durch eine variierende Gewichtung, Ausgestaltung und Pflege der Emotionen unterscheiden, so unterscheiden sie sich auch nur durch die variierende Gewichtung, Ausgestaltung und Pflege der Grundwerte.

Die Tatsache, daß sich nicht alle Grundwerte in jeder Situation optimal realisieren lassen, hat zur Folge, daß man in überregionalen Kulturen nicht nur den gleichen Werten begegnet, sondern immer wieder auch den gleichen Wertekonflikten. Abhängig von den jeweiligen Umständen oder der Lehrrichtung ihrer Vordenker findet man in den verschiedenen Kulturen dann auch dieselben sich widersprechenden Lösungsvorschläge für diese Konflikte.

Ein klassisches Beispiel für ein transkulturelles Wertedilemma sind die philosophischen Erörterungen darüber, was wichtiger ist, das Familienwohl oder das Gemeinwohl. Auf Diskussionen dieses Dilemmas stößt man sowohl in der europäischen als auch in der chinesischen Literatur. Jean-Paul Sartre wurde im Zweiten Weltkrieg von einem Studenten gefragt, was er vorziehen solle, die Pflege seiner alten und kranken Mutter oder den Kampf in der *Résistance*. Sartre (1946: 39 ff.) hielt das Dilemma für unentscheidbar. Seine Überlegungen lassen allerdings den Verdacht aufkommen, daß er sich selbst wahrscheinlich für die Pflege der Mutter entschieden hätte. Auf der anderen Seite der Erdkugel, in China, und über zwei Jahrtausende früher lobte Kong Zi (Konfuzius) einen Mann, der dreimal desertierte, um sich zu Hause um seinen alten Vater zu kümmern. Kong Zi empfahl ihn wegen seiner vorbildlichen Pietät für ein hohes Staatsamt – mit der Folge freilich, daß seine Landsleute in Lu daraufhin zur Fahnenflucht geneigt haben sollen. Umgekehrt beschied just im Todesjahr des Kong Zi, -479, Zhuang Zhishan seiner alten Mutter, er könne sie nur mit dem Gehalt, das er von seinem Herrn beziehe, ernähren und komme deshalb seiner Kriegspflicht nach.[2]

2 Belege für diesen Wertkonflikt finden sich in den verschiedensten Zeiten und Orten, im frühmittelalterlichen England ebenso wie in der Schweiz des 18. Jahrhunderts. »When the claims of the lord clashed with those of the kindred [...], the duty of the lord should come first« (Whitelock, 1952: 37). 1767 hatte der Schweizer Pädagoge Heinrich Pestalozzi (1946: 29), 21jährig und aufklärungsbeschwingt, seiner »teuren ein[z]igen Freundin« ohne Wenn und Aber geschrieben: »In Absicht auf den Ehestand muß ich Ihnen das sagen, meine Teure, daß ich die Pflichten gegen meine geliebte Gattin den Pflichten gegen mein Vaterland für untergeordnet halte und daß ich, ungeachtet ich der zärtlichste Ehemann sein werde, es dennoch für meine Pflicht halte, unerbittlich gegen die Tränen meines Weibes zu sein, wenn sie jemals mich mit denselben von der geraden Erfüllung meiner Bürgerpflicht, was auch immer daraus entstehen möge, abhalten wollte.«

Komplexität, Inhomogenität und Disharmonie sind den Kulturen und den Wertesystemen der Menschen inhärent. Von diesem phänomenologischen Befund muß man ausgehen, wenn die Frage nach dem Verhältnis der Kulturen zueinander zur Diskussion ansteht. Eine erste Folge, die sich aus der Komplexität der Kulturen ergibt, wird sofort deutlich, wenn wir statt bloß von Kulturen oder Zivilisationen ausdrücklich von komplexen Kulturen oder komplexen Zivilisationen sprechen. Aus Samuel Huntingtons *Clash of Civilizations* wird so ein *Clash of Complex Civilizations*. Mit einer solchen Formulierung macht man sich bewußt, daß ein Kampf zwischen Kulturen stets ein Kampf zwischen Gebilden mit einer heterogenen Binnenstruktur sein wird. Ein einheitlicher Verlauf der Front in der Auseinandersetzung zwischen zwei komplexen kulturellen Traditionen ist nicht zu erwarten. Immer wieder werden die Konfliktparteien auf der Gegenseite zumindest partiell Gleichgesinnte und Sympathisanten finden, motiviert durch konvergierende Interessen und Wertvorstellungen.

Ähnliche regional oder ökonomisch bedingte Lebensverhältnisse führen transkulturell zu ähnlichen Interessen und Wertvorstellungen. Als Reisender in einem fremden Land hat man keine Mühe, urbane Städter und »Leute vom Land« auseinanderzuhalten. Das divergierende Verhalten und die verschiedenen Vorlieben sind so augenfällig wie der Unterschied zwischen höfischer und rustikaler Malerei in einem Museum. Bauern in China und Bauern in Deutschland haben in vielen Belangen mehr Interessen und Werte gemeinsam, als sie mit den Bewohnern der Großstädte ihres jeweiligen Landes teilen.

Bauern, die über eigenen Grund und Boden verfügen, formieren sich zu Zweckverbänden und Solidargemeinschaften.

Sie tendieren zu lokaler und regionaler Selbstverwaltung. Von einer fernen Regierung bestellte »Vögte« sind ihnen zuwider. Maßnahmen, die in Unkenntnis ihrer Verhältnisse von ortsfremden Amtspersonen angeordnet werden, reizen sie zu ungehaltener Rebellion. Die Analyse stammt nicht von einem soziologisch argumentierenden Historiker über die Anfänge der Schweizerischen Eidgenossenschaft, sie findet sich im Manifest des chinesischen Anarchisten Liu Shipei aus dem 19. Jahrhundert. Auf die berufsspezifische Mentalität der chinesischen Bauern wurde er durch Feststellungen aufmerksam, die zuvor der zum Anarchisten mutierte russische Aristokrat Lev Kropotkin mit Bauern in seinem Land gemacht hatte.[3]

Es sind nicht nur die »Proletarier aller Länder«, die sich über die Landesgrenzen hinweg verstehen und solidarisieren. Noch mehr gilt dies für die Inhaber überregionaler und interkontinentaler Handelsfirmen, die direkt miteinander ins Geschäft kommen. Die raschen Erfolge der europäischen Kolonisatoren in Asien und auch in Afrika vor den großräumigen Eroberungen im 19. Jahrhundert sind zu einem erheblichen Teil den gleichgelagerten wirtschaftspolitischen Interessen der einheimischen und der fremden Kaufleute zuzuschreiben und nicht allein der waffentechnischen Überlegenheit der Europäer. Analoges gilt für die Anfangserfolge der wirtschaftlichen Globalisierung der vergangenen Jahrzehnte.

Im südindischen Kerala hat sich gezeigt, daß die Alphabetisierung der Frauen ein zugleich wirksameres und humaneres Mittel zur Beschränkung der Kinderzahl ist als die drakonischen Maßnahmen, die man dazu in China ergriffen hatte.

---

3 *Sources of Chinese Tradition II,* 2000: 400 ff. – Vgl. die zitierte Auswirkung »mittelständischer« Lebensbedingungen nach Aristoteles, Buddha und Xun Zi im Abschnitt »Böckenfördes Problem in Ostasien« im nächsten Essay, S. 68 ff.

Dank des gehobenen gesellschaftlichen Status und der wirtschaftlichen Besserstellung, die mit der Schulbildung verbunden sind, sehen sich die Frauen in der Lage, selbst zu entscheiden und durchzusetzen, was für sie und ihre Umwelt am besten ist. Wie rasch sich kulturell sanktionierte »Familienbilder« und »Familienwerte« als Folge von Wohlfahrt und einer gehobenen Schulbildung wandeln können, läßt sich genauso eindrücklich in traditionell katholischen Gegenden Westeuropas studieren, von Bayern in Deutschland bis nach Irland und Portugal.

Fatale Folgen der Homogenitätsannahme

Wenden wir uns nach diesen zeitgenössischen Befunden der Geschichte der Kulturen zu. Die dogmatische Annahme, Kulturen seien homogene Gebilde, führt zu widersprüchlichen, polar einander entgegengesetzten Charakterisierungen der einzelnen Traditionen, je nach der Epoche, der Region oder der intellektuellen Strömung, an der sich die Kulturtheoretiker gerade orientieren. So ist für Friedrich Nietzsche das Christentum lebensverneinend und der »Hinduismus« lebensbejahend. Für Albert Schweitzer ist umgekehrt das Christentum lebensbejahend und der »Hinduismus« lebensverneinend. Für Max Weber und Jürgen Habermas sind beide, Christentum und »Hinduismus«, weltverneinend im Gegensatz zum »Konfuzianismus« und zur griechischen Metaphysik, die ihnen als weltbejahend erscheinen.[4] Nietzsche beurteilt das Christentum

4 Dazu und zum Folgenden (mit literarischen Nachweisen) auch Holenstein, 1998: 306–308 sowie das Schaubild A 7 des *Philosophie-Atlasses* (2004). – Man beachte die Bezeichnung der zwei nichteuropäischen Traditionen (Hinduismus und Konfuzianismus) als »-ismen« im Unterschied zu den beiden europäischen Kulturen (Christentum und griechische Metaphysik)!

von seinen Kindheitserfahrungen in einem pietistischen Pfarrhaus her. Er ist beeindruckt von der Diesseitsfreudigkeit der alten vedischen Texte. Schweitzer ist in einem anderen, liberaleren Christentum groß geworden. In Südasien erstaunen ihn das Asketentum und die philosophischen Lehren vom illusionären Charakter unserer sinnlichen Erfahrungen. Weber und Habermas gehen von der Erklärung des neuzeitlichen Kapitalismus in Europa mit der »Berufsethik des asketischen Protestantismus« aus und versuchen, vier paradigmatische Kulturen mit einer einfachen Aufspaltung von zwei Paaren entgegengesetzter Eigenschaften zu erklären. Ihre schlichte Kulturtypologie unterscheidet sich in strukturaler Hinsicht nicht von der protowissenschaftlichen aristotelischen Beschreibung der vier Elemente. Aristoteles spezifiziert Erde, Wasser, Luft und Feuer durch eine unterschiedliche Kombination von vier gegensätzlich definierten Eigenschaften (Erde als trocken und kalt, Wasser als feucht und kalt, Feuer als trocken und heiß und Luft als feucht und heiß). Weber und Habermas gehen nicht weniger strukturalistisch vor. Sie beschreiben – in Bezug auf die Einstellung zur Welt – das Christentum als aktiv und weltverneinend, den »Hinduismus« als passiv und weltverneinend, den »Konfuzianismus« als aktiv und weltbejahend und die hellenische Metaphysik schließlich als passiv und weltbejahend. Die interne Vielfältigkeit der kulturellen Traditionen wird mit einer solchen Kulturtypologie ausgeblendet zugunsten einer übertrieben kontrastiven und plakativen Gegenüberstellung der besonderen Andersartigkeit der einzelnen Traditionen. Es wird ausgeblendet, daß die gleichen Gegensätze (aktiv *vs.* passiv, lebensbejahend *vs.* lebensverneinend), die Weber und Habermas systematisch verschiedenen Kulturen zuordnen, auch innerhalb der einzelnen Kulturen zu finden sind und wesentlich zur Dynamik und Kreativität der Kulturen beitragen.

Eine andere verhängnisvolle Folge der Homogenitätsannahme ist, daß die verschiedenen Strömungen und Ausgestaltungen einer Kultur unilinear angeordnet werden und nichts Eigenwüchsiges aufzuweisen scheinen. Der Glaube an die Homogenität der Kulturen läßt dann nur noch Unterschiede im Grad der Entwicklung zu. In klassischen Kulturtypologien ist entsprechend häufig von Phasen des Anfangs, der Blüte, der Vollendung und des Verfalls der Kulturen die Rede. Letztlich gibt es so nur vollwertige und minderwertige Ausgestaltungen und keine untereinander ebenbürtigen Umstrukturierungen einer Kultur. Regionale Ausformungen einer Kultur werden nur als mehr oder weniger fortgeschrittene oder zurückgebliebene Seitenstränge eingestuft und nicht als originelle Sonderentwicklungen gewürdigt.[5]

Homogenität – kein kulturelles Ideal

Homogene Kulturen sind nicht nur keine anthropologische Realität, sie sind auch kein Ideal. Es ist nicht so, daß es sie zwar nicht gibt, daß es aber besser wäre, wenn es sie gäbe. Sie sind nicht etwas, das wir anstreben sollten, zwar nicht gewaltsam mit »ethnischen Säuberungen«, aber doch mit friedlichen Mitteln. Nach einer romantischen Auffassung sind Nationen, als kulturelle Gebilde verstanden, dann optimal realisiert, wenn sie autark, zugleich eigenständig und selbstgenügsam sind. Dazu gehört, daß sie nichts ihrem Nationalcharakter Fremdes annehmen. Aber optimale Selbstverwirklichung, Abgeschlos-

5 Vgl. in dieser Hinsicht Max Webers unterschiedliche Beurteilung der Schweiz im Vergleich zu Deutschland und Koreas im Vergleich zu China, zitiert in Holenstein, 1998: 308.

senheit nach außen und Autarkie widerstreiten sich. Optimale Selbstverwirklichung ist nur möglich, wenn man vorübergehend und in mancher Hinsicht auch dauerhaft auf völlige Eigenständigkeit verzichtet. Das Beispiel der Sprache ist dafür lehrreich. Das Ausdruckspotential jeder einzelnen Sprache, die man sich ausdenken kann, bleibt hinter dem Ausdruckspotential, über das die Menschen von Natur aus verfügen, zurück. Das ist nicht zufällig so, sondern strukturbedingt. Die Bedeutung einer sprachlichen Äußerung ist abhängig vom jeweiligen Kontext. Sie ist auch abhängig vom jeweiligen Sprachsystem, zu dem sie gehört. Die sprachlichen Konnotationen und Assoziationen sind andere, wenn wir dasselbe in deutscher oder englischer, in chinesischer oder japanischer Sprache sagen. Im Japanischen können wir andere Anspielungen machen als im Deutschen, im Chinesischen andere als im Englischen. Assoziationen aber sind bahnbrechend und wegleitend für das »allmähliche Verfertigen der Gedanken beim Reden« mit anderen oder mit uns selbst.

Jeder Mensch ist von Natur aus fähig, mehr als eine Sprache zu lernen und zu sprechen. Das Selbstverwirklichungspotential, über das jeder Mensch aufgrund seiner mentalen Strukturen verfügt, ist umfassender und vielfältiger als das Selbstverwirklichungspotential, das ihm eine einzelne Sprache anbietet. Analoges gilt für die Kulturen. Das Selbstverwirklichungspotential, über das jeder Mensch aufgrund seiner mentalen Strukturen verfügt, ist umfassender und vielfältiger als das Selbstverwirklichungspotential, das ihm eine einzelne Kultur anbietet. Die vielfältigen Anlagen, mit denen ein Mensch geboren wird, werden nicht alle zusammen optimal in einer einzigen kulturellen Tradition verwirklicht.

Wissenschaftsphilosophen haben erkannt, daß dies auch für die wissenschaftlichen Traditionen gilt. Ob der realistische

Platonismus oder der nominalistische Konstruktivismus die richtige Theorie für den ontologischen Status von Zahlen und mathematischen Gesetzen ist, mag letztlich nicht zu entscheiden sein. Nach dem Platonismus existieren die Zahlenreihe und die für sie geltenden Gesetzmäßigkeiten (wie nach dem gesunden Menschenverstand) unabhängig davon, ob ein Mensch an sie denkt und mit ihnen rechnet. Nach dem Konstruktivismus beruhen mathematische Gesetze dagegen auf konventionellen Entscheidungen. Im Verlauf der Zeit kamen Mathematiker zur Einsicht, daß es von Vorteil ist, beide wissenschaftlichen Traditionen als komplementär zu betrachten und eklektisch nebeneinander zu pflegen. Das Forschungspotential der beiden ist ein je anderes.

Widersprüchliches innerhalb komplexer Traditionen

Komplex sind nicht erst die heutigen Kulturen. Ebenso mannigfaltig, reich an Variationen und nicht frei von Widersprüchen sind die Traditionen, aus denen sie sich herleiten. In Europa hat man sich daran gewöhnt, bei einer Erörterung der allgemeinen Menschenrechte nur jene Passagen aus der Bibel, der hellenischen Philosophie und dem römischen Recht zu zitieren, mit denen sie sich begründen und als Erbgut der eigenen Tradition darstellen lassen. Allzuoft bleibt ausgeblendet, daß man sich bei der Ablehnung allgemeiner Menschenrechte – für Frauen, Besitzlose, Sklaven und »barbarische« Völker – ausgerechnet auf die beiden überragenden Autoritäten der hellenischen Philosophie, Platon und Aristoteles, und innerhalb der Bibel auf ihren philosophischsten Denker, den Apostel Paulus, berufen kann und dies in der Tat Jahrhunderte lang auch getan hat.

Der Tübinger Theologe Jürgen Moltmann schrieb 2004 zum Streit um das muslimische Kopftuch in Europa: »Wir verdanken Religionsfreiheit und die Achtung der Menschenwürde der Frau nicht dem islamistischen Kopftuch.« Sicherlich! Wir verdanken sie aber auch nicht dem paulinischen Kopftuchgebot, ebensowenig der Vorschrift des Apostels, daß die Frau sich dem Mann unterordnen und in der Gemeindeversammlung schweigen soll.[6] Auch mit diesen berühmten Bibelstellen wurden die Frauen »auf eine bestimmte soziale Rolle festgelegt und eine Männergesellschaft etabliert«. In einer globalisierten Welt läßt man zudem besser nicht außer Acht, daß noch immer viele Menschen auf dem weiten Erdenrund nicht allein den muslimischen Tschador, sondern auch die Talare christlicher Pastoren und das Kreuz als Symbole der Unterdrückung – im gefügigen Dienst imperialer Staaten – in Erinnerung haben.

Moltmann meinte weiter, man finde weder in arabischen noch in asiatischen Kulturen etwas, das mit dem modernen säkularen Staat vergleichbar sei. Aber war nicht China für Aufklärer des 18. Jahrhunderts[7] ein Modell für die Trennung von Moral und Theologie und damit zumindest indirekt auch für die in modernen Verfassungen festgeschriebene Trennung von Staat und Religion? Lehrten konfuzianische Philosophen in einem deutlichen Unterschied zu den Philosophen in Europa nicht ununterbrochen seit der Achsenzeit eine säkulare Staatskonzeption[8] und warnten sie die chinesischen Kaiser und später auch die koreanischen Könige nicht vor dem Befolgen religiöser (daoitischer und buddhaitischer) Ratschläge und

---

6 *Erster Brief an die Korinther*, Kapitel 13 und 14.
7 Vgl. Wolff, 1721/26: 154 ff. (Anmerkung 55).
8 Dazu ausführlich der folgende Essay.

Praktiken? Können europäische Theologen und Philosophen je vergessen, welche Rolle muslimische Theologen und Philosophen, von den Mutazila-Theologen in Basra und Bagdad bis zu Ibn Rushd (Averroës) in Qurtuba (Córdoba), argumentativ sowohl bei der Befürwortung rationaler Methoden bei der Klärung von Glaubenslehren wie bei der grundsätzlichen Trennung von Philosophie und Theologie spielten?

Es ist unfair und unwissenschaftlich dazu, in der eigenen christlichen Tradition nur das herauszuheben, was mit heutigen Überzeugungen verträglich ist, und in den Traditionen einer anderen Kultur und Religion ausschließlich das, was ihnen widerspricht. Das kulturelle Erbe Europas ist nicht allein eine Frucht der hellenisch-römischen Antike und des Christentums. Judentum und Islam – und am Rande selbst China, zumindest in seiner von europäischen Aufklärern idealisierten Gestalt – haben dazu ebenfalls beigetragen.

Universales Entwicklungs- und Rechtfertigungspotential komplexer Traditionen

Neben der Möglichkeit, mit dem Verweis auf die eigene Geschichte gegensätzliche Ideen, moderne und antimoderne, traditionalistisch zu legitimieren, hat die Komplexität der kulturellen Traditionen noch eine weitere bemerkenswerte Folge: Es gelingt immer wieder, die Anregung zu radikalen gesellschaftlichen Reformen durch ausländische Vorbilder herunterzuspielen und die Neuerungen statt dessen mit Vorgaben aus der eigenen Tradition zu motivieren oder nachträglich zu legitimieren. Das Schulbeispiel für einen Kulturphilosophen, der aus der Schweiz kommt, ist die Einführung der modernen freiheitlichen und demokratischen Verfassung der Schweizeri-

schen Eidgenossenschaft im Jahre 1848. Die Verfassungsväter
wählten mit Bedacht Worte, die an die eigene, idealisierte
oder, wie manche Historiker heute gerne sagen, »erfundene«
Tradition erinnerten, und vermieden möglichst alles, was an
die Ideen und Institutionen der Ersten Französischen Republik denken ließ, an denen sie sich in Wirklichkeit orientierten (vgl. Kölz, 1992: 620 ff.). Ein asiatisches Beispiel, das mit
dem Beispiel aus der schweizerischen Verfassungsgeschichte
unmittelbar vergleichbar ist, sind die »Fünf Maximen« *(Panca-
sila)*, die Sukarno 1945 der indonesischen Verfassung als Prä-
ambel voranstellte.[9]

In China findet man bei den verschiedenen Modernisie-
rungsbestrebungen im Verlauf der Neuzeit und keineswegs
erst bei denjenigen, die im 19. und 20. Jahrhundert auf europäische Anregungen hin erfolgten, immer wieder Rück-
griffe auf die eigene Tradition.[10] Für die Idee der gleichen
Rechte für alle konnte man sowohl auf die Auffassung des
Kong Zi verweisen, daß es in der Erziehung keine Klassen-
unterschiede geben solle, als auch auf die Maxime seiner legistischen Gegner (überliefert von den klassischen Geschichts-
schreibern Sima Tan und Qian), daß vor dem Gesetz alle
gleich seien; für die Idee der individuellen Freiheit und Selbst-
verantwortung auf die traditionelle konfuzianische Aufforderung zur Selbstkultivation; für globale Solidarität auf die
Lehre einer »universalen Liebe« *(jian ai)* des antikonfuziani-
schen Philosophen Mo Zi (Micius), aber ebenso eindrücklich,
gerade weil es realistisch an natürlichen und sozialen Unter-
schieden festhält, auf das (buddhaitisch inspirierte) Bekenntnis

9 Siehe Holenstein, 1985: 135.

10 *Sources of Chinese Tradition* II ist voll von »traditionalistischen« Recht-
fertigungen »modernistischer« Reformen.

des frühen Neokonfuzianers Zhang Zai zur Verbundenheit aller Menschen in einer Familie;[11] für soziale Gerechtigkeit auf die Vorschläge zur Landreform des Meng Zi (Mencius); für die Pflicht (nicht zuletzt der Intellektuellen) und damit implizit auch für das Recht zur Demonstration gegen Mißstände in der Regierung auf die staatspolitischen Diskussionen desselben Meng Zi; für die Idee der lokalen Selbstverwaltung und die Ausbildung einer auf Diskussion und Konsens beruhenden »Zivilgesellschaft« auf die Anweisungen zur Organisation von dörflichen Kooperativen von Zhu Xi, den alle anderen überragenden neokonfuzianischen Philosophen.

Entgegen der hegelianischen Vorstellung einer seit Jahrtausenden stagnierenden Geschichte und einer über allen Wandel der Zeit hinweg stabilen Gesellschaftsstruktur in China weisen die chinesischen Befürworter einer grundlegenden staatlichen Reform immer wieder darauf hin, daß schon im antiken China in Abhängigkeit von den veränderten Lebensbedingungen ein revolutionärer Wandel der Staatsstruktur stattgefunden hat. Das Feudalsystem, das von den legendären weisen Herrschern und Kulturheroen der drei frühen Dynastien eingeführt worden war und entsprechend sakrosankt schien, wurde in der Qin- und der anschließenden Han-Zeit durch ein meritokratisches System abgelöst. Nicht mehr die aristokratische Geburt, sondern ein staatliches Prüfungssystem wurde in der Folge – im Prinzip wenigstens – für die Vergabe

---

11 Siehe das Zitat unten im letzten Abschnitt (S. 37). Man darf Zhang Zais Deklaration nicht egalitaristisch mißverstehen. In der traditionellen chinesischen Familie sind – wie in den meisten traditionellen Familien, auch den christlichen und europäischen – Brüder und Schwestern und ältere und jüngere Geschwister nicht in jeder Hinsicht gleichberechtigt. Sie sind es nach den Kommentaren der neokonfuzianischen Philosophen nur in der fundamentalsten Hinsicht.

von staatlichen Ämtern maßgebend. »Dem Wandel der Zeiten widerstehen ist fatal«, heißt es im 17. Jahrhundert bei Wang Chuanshan aus Hengyang in Hunan. Auch die Idee eines Fortschritts in der Geschichte hin zu mehr Menschlichkeit ist kein Fremdkörper in der kulturellen Tradition Chinas. Der Philosoph, Geo- und Historiograph Wei Yuan aus Shaoyang, ebenfalls im südchinesischen Hunan, verweist im frühen 19. Jahrhundert darauf, daß die in den drei archaischen Dynastien praktizierte Verstümmelung von Körperteilen als Strafe für Verbrechen im -2. Jahrhundert vom Han-Kaiser Wendi abgeschafft wurde.

Die Einsicht, daß lokale und regionale Unterschiede naturbedingt und selbstverständlich sind, ist eine noch ausgeprägtere traditionelle chinesische Überzeugung als die Unumgänglichkeit des geschichtlichen Wandels.

Formelle demokratische Staatsverfassungen sind eine hellenische Errungenschaft, und die grundsätzliche politische Gleichberechtigung aller Menschen, Besitzlose und Frauen miteingeschlossen, eine (späte) europäisch-amerikanische. Versteht man jedoch unter »Demokratie« in einem umfassenden und grundsätzlichen Sinn des Wortes die Möglichkeit, öffentliche Belange auch öffentlich zu diskutieren, heterodoxe Weltanschauungen zu respektieren, das Recht, Regierungsmaßnahmen und Amtspersonen zu kritisieren und neue Ideen vorzubringen, dazu die Wertschätzung jedes individuellen Menschen und die Anerkennung gewisser fundamentaler Rechte für alle, findet man Wurzeln, vorbildliche Entwicklungen und innovative Vorstöße in vielen Kulturen rings um den Erdball.[12]

12 Vgl. Sen, 2005 (Seitenangaben im Index unter dem Stichwort »democracy as a global tradition«).

Die Nichtreduzierbarkeit der kulturellen Traditionen
auf ihre erste Blütezeit

Gegen das allgemein akzeptierte Wissen, daß kultureller Wandel ein universales Phänomen und in allen Traditionen anzutreffen ist, besteht in vielen Kreisen immer noch die Tendenz, »das Typische« fremder Kulturen ausschließlich in ihren frühesten, als klassisch und allein maßgebend betrachteten Phasen der Geschichte zu suchen. Man glaubt, die Eigenart einer kulturellen Tradition in ihrer Frühgeschichte in »originaler« und damit zugleich in »reiner« und allein »echter« und gleich auch noch in »definitiver«, nicht überholbarer Form vor sich zu haben, unbefleckt von späteren Degenerationen und Fremdeinflüssen. Von Fremdeinflüssen nimmt man dogmatisch an, daß sie oberflächlich blieben und das »Wesentliche« einer Kultur nur verdunkelten oder verschleierten, nicht aber, daß sie es tiefgreifend umzugestalten vermochten.

In prototypischer Weise findet sich diese Einstellung in der evangelischen Theologie mit ihrer Konzentration auf die Bibelforschung. Die Kanonisierung der frühesten Zeugnisse des Christentums, d. h. die Annahme, daß sie als der Maßstab (»Kanon«) zu nehmen sind, an dem alles Folgende zu messen ist, wird in ihr durch eine zusätzliche religiöse Annahme gestützt, durch den Glauben an die göttliche Inspiration der biblischen Schriften. Mit der Gleichsetzung von »früh« mit »echt« und »kanonisch« verband sich gleich noch die weitere dogmatische Annahme, daß es *schriftliche* Texte sind, die als Kanon und alleinige Autorität zu betrachten sind. Erst als man realisierte, daß für das Verständnis eines Textes sein »Sitz im Leben«, der Zusammenhang, in dem er entstanden ist und gebraucht wurde, entscheidend sein kann, gewannen archäologische Funde nichtschriftlicher Art (Artefakte, Bauten, Diät und dergleichen) als Indikatoren für soziale Praktiken, Riten und religiöse Überzeugungen an Bedeutung und wurden mit der Zeit gleichfalls als historisch relevante Erkenntnisquellen anerkannt. Einzelne Theologen und auch ganze Religionsgemeinschaften hatten zudem schon sehr früh realisiert, daß kanonische Texte interpretationsbedürftig sind und daß man sich zu ihrem Verständnis und zu ihrer Anwendung auf neue Verhältnisse auf textunabhängige Erfahrungen und »das Licht der Vernunft« zu stützen hat.

Was für gläubige Anhänger einer Offenbarungsreligion oder einer von einem begnadeten Stifter geschaffenen Religion maßgebend sein mag, kann es nicht einfach auch für säkulare Kulturerscheinungen wie die Philosophie oder die Literatur sein. Innovative neuzeitliche Denker haben die seit über zweihundert Jahren in Europa und Amerika dominierenden politischen Vorstellungen stärker geprägt als die hellenischen Klassiker Platon und Aristoteles. Sie haben sich von diesem häufig ausdrücklich und polemisch distanziert. Während Jahrhunderten haben neokonfuzianische Philosophen mit ihren aus diversen (vor allem südasiatischen) Quellen gespeisten Welt- und Wertvorstellungen und mit ihren spekulativen Klassikerinterpretation das Denken und die gesellschaftlichen Verhältnisse in China nachhaltiger bestimmt als die von der »Han-Schule« (Han xue) der mittleren Neuzeit und später von modernen Sinologen historisch rekonstruierten Texte der achsenzeitlichen Klassiker. Der Vedanta, der in Indien als »vollendete« Gestalt und getreue Interpretation altindischen Wissens (Veda) verehrt wird, und ähnlich der »Zenbuddhismus«, der in Japan und im »Westen« von Nichtfachleuten für die genuine Lehre Buddhas gehalten wird, sind, historisch betrachtet, hybride Gebilde und Resultat einer komplexen Geschichte. In die Vedanta-Philosophie ist buddhaitisches Denken eingeflossen, in

35

den chinesischen Chan, den Vorläufer des japanischen Zen daoitisches.

Dennoch findet man unter europäischen Gelehrten vom 18. bis weit ins 20. Jahrhundert hinein eine Voreingenommenheit für frühe klassische und schriftliche Dokumente bei der Darstellung außereuropäischer Kulturen, die sich kaum von der historisch problematischen Überschätzung des Bibelstudiums zur Freilegung des »wahren Wesens des Christentums« unterscheidet, die während der gleichen Zeit für evangelische Theologen charakteristisch war. Und noch immer erscheinen philosophische Lesebücher, die sich bei der Auswahl außereuropäischer Denker in Süd- und Ostasien nahezu gänzlich mit Philosophen der vorchristlichen Achsenzeit und im Islam mit solchen der Goldenen Zeit der muslimischen Philosophie vom 9. bis 12. Jahrhundert begnügen.

Bei der immer wieder diskutierten Frage, ob denn allgemeine Menschenrechte konfliktfrei mit der chinesischen Tradition vereinbar seien, ist es zum Beispiel unstatthaft, sich ausschließlich auf einschlägige Textstellen aus der Achsenzeit zu konzentrieren. Die wenigen expliziten Stellen, die man dort findet, spielten damals und über mehrere Jahrhunderte hinweg eine ebenso untergeordnete Rolle wie die auch nicht gerade zentralen Textstellen in der europäischen Tradition, die man zu ihrer Befürwortung bei hellenischen Philosophen finden kann und die in Europa ebenfalls über Jahrhunderte nahezu folgenlos geblieben sind. Die frühesten Erklärungen zur Gleichheit aller Menschen und zu einer universalen Ethik stammen im übrigen aus Südasien. Jaina- und Buddhadharma hatten sie verkündet.[13] Von dort aus wurden sie in China re-

13 Sie sind auch radikaler und umfassender als die hellenisch-römischen und christlichen Deklarationen. Die Verpflichtung auf Gewaltfreiheit erstreckt sich auf alle Lebewesen.

zipiert, lange bevor man dort dieselben Ideen in der rechtlichen Fassung, die sie in der Amerikanischen und Französischen Revolution erhalten hatten, kennenlernte.

Ein prominentes Beispiel, das Bekenntnis Zhang Zais zu einer globalen Solidarität der Menschen, wurde bereits erwähnt: »Alle Menschen sind aus demselben Schoß [demjenigen der Mutter Erde] hervorgegangen und alle Wesen sind meine Partner.« Der Satz steht in der Grundsatzerklärung, die Zhang Zai an der Westwand seines Studierzimmers aufgehängt hatte.[14] Sie ist daraufhin als »West-Inschrift« *(Xi ming)* in die Literaturgeschichte Chinas eingegangen und als eine Art kanonischer Text immer wieder zitiert und kommentiert worden. Es ist bemerkenswert, jedoch keine Überraschung, wenn man sich etwas geschichtskundig gemacht hat, daß ein Arzt namens Xu Yanzuo, der sich 1896 in Guangzhou für die Gleichbehandlung aller Kranken, armer wie reicher, einsetzte, sich noch nicht auf die europäische oder amerikanische Erklärung der universalen Menschenrechte berief, sondern auf buddhaitische Klassiker.[15]

Die chinesische philosophische Tradition besteht ebenso wenig bloß aus einer Reihe von Fußnoten zu Kong Zi wie sich die europäische philosophische Tradition auf eine Reihe von Fußnoten zu Platon degradieren läßt und die Philosophie in Südasien auf Kommentare und Kommentare zu den Kommentaren zu den vedischen Klassikern.

14 *Sources of Chinese Tradition* I, 2000: 683 f.

15 Unschuld, 1995: 70 f.: »In den buddhistischen Klassikern heißt es: ›Alle Welt ist gleichgestellt.‹ Die Ärzte sollten sich nach dieser Ansicht richten.«

Literatur

Holenstein, Elmar, 1985, *Menschliches Selbstverständnis: Ichbewußtsein – Intersubjektive Verantwortung – Interkulturelle Verständigung,* Frankfurt am Main: Suhrkamp.

–, 1998, *Kulturphilosophische Perspektiven: Schulbeispiel Schweiz – Europäische Identität - Globale Verständigungsmöglichkeiten,* ebenda.

–, 2004, *Philosophie-Atlas: Orte und Wege des Denkens,* Zürich: Ammann.

Kölz, Alfred, 1992, *Neuere schweizerische Verfassungsgeschichte,* Band 1, Bern: Stämpfli.

Moltmann, Jürgen, 2004 (25.02.), »Die Würde der Differenz«, in: *Die Zeit,* Nr. 10.

Paulos Apostolos, um 55, *Pros Korinthious A* (»Erster Brief an die Korinther«, geschrieben in Ephesos).

Pestalozzi, Heinrich, 1767, »Bekenntnisbrief an Anna Schulthess«, in: *Sämtliche Briefe,* hg. vom Pestalozzianum und von der Zentralbibliothek in Zürich, Zürich: Orell Füssli, 1946, Erster Band, 25–35.

Sartre, Jean-Paul, 1946, *L'existentialisme est un humanisme,* Paris: Nagel.

Sen, Amartya, 2005, *The Argumentative Indian,* New York: Farrar, Straus and Giroux.

Sources of Chinese Tradition, Second Edition, 1999, Volume I: *From Earliest Times to 1600,* ed. by Wm. Theodore de Bary & Richard Lufrano, New York: Columbia UP.

Sources of Chinese Tradition, Second Edition, 2000, Volume II: *From 1600 Through the Twentieth Century,* ed. by Wm. Theodore de Bary & Irene Bloom, ebenda.

Tylor, Edward B., 1871, *Primitive Culture,* London: Murray.

Unschuld, Paul. U., 1995, *Huichun: Chinesische Heilkunde in historischen Objekten und Bildern,* München: Prestel.

Whitelock, Dorothy, 1952, *The Beginnings of English Society,* London: Penguin.

Wolff, Christian, 1721/26, *Oratio de Sinarum philosophia practica/Rede über die praktische Philosophie der Chinesen* [Rektoratsrede in Halle an der Saale], hg. von Michael Albrecht, Hamburg: Meiner, 1985.

CHINA – EINE ALTSÄKULARE ZIVILISATION

Die Sicht vom säkularisierten nordatlantischen Kirchturm auf das Erdenrund

Wer in Ostasien lebt, reibt sich die Augen, wenn er Publikationen europäischer und nordamerikanischer Intellektueller zur Säkularisation, ihren Ressourcen und ihren Folgen liest. So schreibt Slavoj Žižek (2006): »What makes modern Europe unique is that it is the first and only civilization in which atheism is a fully legitimate option, not an obstacle to any public post. Atheism is a European legacy worth fighting for.« Das ist säkularisierter Parochialismus in Reinkultur. In China ist Atheismus[1] seit der vorchristlichen Achsenzeit mit größter Selbstverständlichkeit eine legitime Wahl.[2] Einem bekennenden Atheismus (oder Theismus) zog man in Staatsdiensten freilich einen zurückhaltenderen Agnostizismus vor. Dasselbe

---

1 »Atheismus« war in den vergangenen Jahrhunderten ein vielfach mit militanten antitheistischen und zum Teil auch mit amoralischen Konnotationen verbundener Begriff. Ich ziehe ihm daher, einem aufkommenden Usus folgend, den historisch unbelasteten Begriff »Nontheismus« vor und gebrauche »Atheismus« nur im Zusammenhang mit entsprechenden Zitationen und wenn bei seinen Vertretern tatsächlich eine antitheistische Einstellung vorherrschend ist.

2 Vgl. Mühlemann, 2006: 23 f. & 118–141: »Das chinesische Kaiserreich als [jahrtausendealtes] säkulares Staatswesen«.

gilt spätestens seit der Joseon-Zeit (1392–1910) für Korea, seit
der Späteren Le-Dynastie (1428–1788) für Vietnam und seit
der Edo/Tokugawa-Ära (1603–1867) für Japan, in Japan mit
einem vorübergehenden Rückzieher just während seiner Mo-
dernisierungsphase. Im Zuge der Meji-Reformation seit 1868
hatte man den Shinto nach dem fragwürdigen Modell europäischer Staatskirchen zur Stützung der staatsbürgerlichen
Tugenden zur offiziellen Staatsideologie erhoben.[3]

Immer wieder fällt bei interkulturellen »West-Ost«-Ver-
gleichen die Tendenz auf, daß man sich in bezug auf die eigene Kultur an offiziellen Erklärungen und einem in der Verfassung festgehaltenen »Soll-Zustand« orientiert, in bezug auf
die fremden Kulturen dagegen an den natürlicherweise unrei-
nen und unvollkommenen »Ist-Zuständen«. Die »Trennung
von Staat und Kirche« ist im »Westen« in vielen rechtlich ver-
bindlichen Dokumenten festgeschrieben. Sie wird jedoch in
den wenigsten Staaten kompromißlos praktiziert. In anderen
Erdteilen kommt hinzu, daß in manchen Weltanschauungssy-
stemen rein philosophische und volksreligiöse Varianten fließend ineinander übergehen und daß darüber hinaus religiöse
Kultur und Alltagskultur ebenfalls nicht leicht auseinanderzuhalten sind.[4]

3 Gleichzeitig wurde ausdrücklich erklärt, der Shinto sei keine Religion. Zwei Gründe, ein begriffsgeschichtlicher und ein pragmatischer,
werden für diese erstaunliche Erklärung angeführt. Zum einen orientierte man sich bei der Verwendung des kulturfremden Begriffs »Religion« an den monotheistischen Offenbarungsreligionen und an den
kirchlichen Institutionen und dogmatischen Lehren der christlichen Konfessionen, von denen sich der Shinto in der Tat deutlich unterscheidet.
Zum anderen ging es darum, einem formalen Konflikt mit der von der
Meiji-Verfassung garantierten Religionsfreiheit auszuweichen.
4 Im 18. Jahrhundert war man in Europa entsprechend nicht sicher,
ob man es in China mit Atheisten, Deisten oder Polytheisten zu tun hatte
(vgl. den Artikel »Chinois, (Philosophie des)« in der *Encylopédie* von Di-

Selbst der kulturell sensible und um den ganzen Erdkreis gereiste Jürgen Habermas sprach in der Frankfurter Paulskirche (2001) vom »Westen« als »der weltweit säkularisierenden Macht«.[5] Jahrhunderte bevor Europa und die USA als »weltweit säkularisierende Mächte« mit durchmischten Mitteln und Resultaten tätig wurden, wirkte China in Ostasien nachhaltig säkularisierend in Vietnam, Korea und Japan, in Japan ausschließlich als Modell und »soft power«. In einer neueren Publikation (2007) schrieb Habermas, Glauben und Wissen gehörten »mit ihren in Jerusalem und Athen basierten Überlieferungen zur Entstehungsgeschichte der säkularen Vernunft, in deren Medium sich heute die Söhne und Töchter der Moderne über sich und ihre Stellung in der Welt verständigen«. Wenn sich heute »Söhne und Töchter der Moderne« global über sich und ihre Stellung in der Welt verständigen, tun sie das in Anlehnung an Entwicklungsstränge »der säkularen Vernunft«, die ihre Basis bei weitem nicht nur in Athen und Jerusalem, sondern ebenfalls in Qufu[6] und Rajgir[7] und an an-

derot und d'Alembert (volume 3, pp. 342, 344 & 346). Die frühen Jesuitenmissionare in China hatten wohl den (ihren religiösen Vorstellungen entgegenkommenden) säkularen Charakter der konfuzianischen Weltanschauung erkannt, sahen aber in der Lehre Buddhas primär eine konkurrierende Religion. Für Kaempfer (1777–79: 304 ff.) war es ebenfalls klar, daß die konfuzianische Philosophie »eigentlich gar keine Religion« ist und daß ihre japanischen Vertreter »atheistische Weltweise« waren. Mehr zum Kontrast zwischen den »westlichen Offenbarungsreligionen« und den »Gedankenreligionen des Orients« unten im Abschnitt »Konfuzianische Zivilreligion in ihren klassischen Zeiten und heute«.

5 Die Passage wurde nicht in die Buchveröffentlichung der Rede (vgl. 2001b: 29) übernommen.

6 Wirkungsstätte von Kong Zi und Meng Zi (Konfuzius und Menzius) im heutigen Shandong in Nordchina.

7 Eine der Wirkungsstätten der achsenzeitlichen Aufklärer Ajita, Buddha, Goshala und Mahavira in Südasien, gelegen im heutigen indischen Bundesstaat Bihar.

deren im »Westen« noch kaum hinreichend bekannten Orten Süd- und Ostasiens haben. »Wer einen Krieg der Kulturen vermeiden will«, muß sich, so Habermas (2001b: 11), »die unabgeschlossene Dialektik des eigenen, abendländischen Säkularisierungsprozesses in Erinnerung rufen«. Ebenso wichtig ist es, die zum Teil älteren und kontinuierlicher[8] durchgehaltenen Säkularisierungsprozesse außerhalb »des Abendlandes« zur Kenntnis zu nehmen, zu würdigen und argumentativ einzusetzen.

Obschon man den Agnostizismus als eine gleichermaßen erkenntnisphilosophisch und pragmatisch wohlbegründete Weltanschauung betrachtete, hat man sich in Ostasien (und erst recht in Südasien[9]) zu keiner Zeit Illusionen über das Fortbestehen religiöser Gemeinschaften in einem säkular geführten Staatswesen hingegeben. In dieser Hinsicht pflegte man in Ostasien seit alters her eine Einstellung, die Habermas als Merkmal einer »postsäkularen Gesellschaft« betrachtet.[10] Unabhängig denkende Neokonfuzianer scheuten sich nicht, daoitische und buddhaitische Lehrer zu konsultieren, um ihr Menschenbild bewußtseinspsychologisch und ihr Weltbild ontologisch zu vertiefen. Nicht einmal der kommunistischen Partei Chinas fehlt heute nach den katastrophalen Entgleisungen ihrer revolutionären Unternehmungen das Sensorium dafür,

8 In China mit einer Baisse vor allem vom 4. bis 8. Jahrhundert.

9 In Indien sind die Verhältnisse weniger offenkundig und entsprechend umstritten. Vgl. Bhargava, 1998: besonders 302 ff. Aber auch dort sind säkulare Elemente in der Staatsführung Jahrtausende vor der britischen Kolonisation auszumachen. Dazu Sen, 2005.

10 Eine »postsäkulare Gesellschaft« zeichnet sich nach Habermas durch eine positive Einstellung zum Fortbestehen religiöser Gemeinschaften aus, im besonderen durch die Anerkennung, daß diese sich mit ihren ethischen Grundhaltungen zugleich als individuelle Lebenshilfe und als staatstragend erweisen können.

daß das Land von einem moralischen Motivationsschub durch den wieder freigegebenen Unterricht der konfuzianischen Klassiker profitieren kann. Inzwischen lobt sie die Religionen insgesamt, allen voran die buddhaitische mit ihrer die inner-staatliche Harmonie fördernden Friedfertigkeit. 2006 verkündete der Leiter des staatlichen Amtes für religiöse Angelegenheiten Ye Xiaowen ohne Umschweife:»Religiöse Kraft ist eine der wichtigen gesellschaftlichen Kräfte, von denen China Stärke bezieht.«[11]

Jede Institution, deren eigene Motivationsbasis an Schubkraft verloren hat oder die zur realistischen Einsicht gelangt ist, daß sie ihr eigenes Sinnstiftungspotential überschätzt hat, sieht sich früher oder später nach Koalitionspartnern um. Sie findet diese nicht selten unter ehemaligen Gegnern, gegen die sie sich unter früheren geschichtlichen Bedingungen durchzusetzen hatte. In dieser Hinsicht verkündet Habermas mit seinem Rat, bei der Suche nach einer Antwort auf existenzielle Lebensfragen und einer Klärung ungewohnter moralischer Dilemmata auf die Ressourcen der traditionellen Religionen und die Sensibilitäten religiös gebliebener Menschen zu achten,[12] nichts Neues.

11 Und, zitiert nach *People's Daily Online,* Beijing, April 11, 2006:»Buddhism ›contributes to a harmonious society‹.« Man scheint in China zu Einstellungen zur Religion zurückgefunden zu haben, die an diejenigen erinnern, die nach Edward Gibbons vielzitiertem Spruch (1776: Chapter II, 25 f.) für das Römische Reich charakteristisch waren: »The various modes of worship which prevailed in the Roman world were all considered by the people as equally true; by the philosopher as equally false; and by the magistrate as equally useful.« Der Hauptunterschied besteht darin, daß die Mehrheit der konfuzianischen Philosophen sich eines Urteils über die Wahrheit oder Falschheit der religiösen Ansichten enthielten. Zum Status der Religionen im heutigen China vgl. Tu Weiming, 1999.

12 Vgl. dazu die Anmerkung 53.

Selbst die von Gilles Kepel (1991) als *Revanche de Dieu* thematisierte Zuwendung zu den traditionellen Religionen nach allzu religionsfeindlichen Unternehmungen elitärer Kreise ist in China kein »postmodernes« Phänomen. Auf entsprechende Vorhaltungen seitens seiner konfuzianischen Beamten erklärte der erste Ming-Kaiser Taizu:[13]

Die beiden Lehren [Daojiao und Fojiao *alias* Daoismus und Buddhismus] wurden von Eiferern mit kleinem Verstand und ebenso von Feinden mit großer Ignoranz schikaniert. [...] Da war Han Yu,[14] der den Herrscher ermahnte, sofort jeden Handel mit Geistern und himmlischen Wesen einzustellen und allein den [konfuzianischen] Richtlinien der Reichsverwaltung zu folgen. Nun, als die Geister und himmlischen Wesen Han Yus Einstellung gewahr wurden, sorgten sie dafür, daß [sein eigener Neffe Han Xiang] zu einem Verehrer der Unsterblichen [d. h. zu einem Anhänger der daoitischen Religion] wurde. Dies ist ein Beispiel dafür, wie der Himmel der Menschheit Lektionen zu erteilen pflegt.[15]

Das Fortbestehen der Religionen in der Moderne und erst recht ihre Fähigkeit, sich zu erneuern, hat dazu geführt, daß Säkularisierung und Modernisierung nicht mehr als koevolutionäre Prozesse betrachtet werden. Nunmehr werden welt-

13 Ming Taizu regierte in Nanjing 1368–98. In materieller Not hatte der spätere Begründer der Ming-Dynastie längere Jugendjahre in einem buddhaitischen Kloster verbracht und dort Lesen und Schreiben gelernt.

14 768–824, namhafter Literat, konfuzianisch-humanistisch argumentierender Kritiker von Dao- und Fojiao und einer der frühen Initiatoren der neokonfuzianischen Philosophie. Vgl. *Sources of Chinese Tradition* I, 1999: 568 ff.

15 Zitiert ebenda: 792.

anschaulicher Pluralismus als Kennzeichen der Moderne und
»patchwork religions« als Kennzeichen der Postmoderne ausgegeben. Aber für beides sind China und Japan bekannte Vor-
zeigebeispiele. Bei der Volkszählung von 1997 bezeichnen sich
84 Prozent der japanischen Bevölkerung als Buddhaiten und
76 Prozent als Shintoiten. Das ist nur erstaunlich, wenn man
nicht weiß, daß Bukkyo (»Buddhismus«) und Shinto seit dem
Mittelalter die vielfältigsten Vermischungen eingegangen sind
und Andachtsstätten innerhalb ein und desselben Tempel-
bezirks unterhielten.[16] Viel weniger bekannt ist die für Re-
ligions-, Säkularisations- und Modernitätsgelehrte, die von
europäischen Modellvorstellungen ausgehen, weit mehr sti-
mulierende Tatsache, daß sich in Japan gleichzeitig um die
50 Prozent der Bewohner als Atheisten oder Agnostiker bezeichnen.[17]

Viele vormoderne Imperien garantierten ethnischen Gruppen und etablierten religiösen Gemeinschaften Religionsfreiheit, aber anders als im westlichen Teil der »Alten Welt« war
es sowohl in Süd- und Ostasien seit alters auch Individuen
möglich, ihre Religion frei zu wählen.[18] Engelbert Kaempfer,
der sich 1690–92 als Arzt der holländischen Handelsniederlas-
sung in Japan aufhielt, ist dies, aus dem von Religionskämp-
fen geplagten Europa kommend, selbstverständlich aufgefal-

16 Die Meiji-Regierung hatte 1868 ihre Trennung befohlen. Sie ist
institutionell gelungen, an der Lebenspraxis der Menschen hat sie jedoch
wenig verändert.

17 Zu den Zahlen vgl. Dähler, 2007: 19.

18 In der Volksrepublik China ist zwar (von der Verfassung garantiert) die individuelle Religionsfreiheit, nicht aber die autonome Leitung
körperschaftlich organisierter Religionen gewährleistet. In vielen europäischen Staaten war diese bis in die jüngste Gegenwart hinein ebenfalls beschränkt und ist es in einzelnen noch immer, allen feierlichen Ver-
kündigungen der Trennung von Kirche und Staat zum Trotz.

len. Das dritte Buch seiner *Geschichte und Beschreibung von Japan* (1777–79: 251), das den Religionen und der Philosophie gewidmet ist, eröffnet er mit dem Statement: »Die Freiheit der Religion und des Glaubens ist unter allen heidnischen Völkern Asiens zu allen Zeiten völlig frei und unbeschränkt gewesen; so lange diese Freiheit nur nicht irgend nachteilige Folgen für den Staat befürchten ließ. So auch in Japan.« In Ernst-Wolfgang Böckenfördes vielzitiertem Aufsatz »Die Entstehung des Staates als Vorgang der Säkularisation« (1967: 104), auf den weiter unten ausführlich Bezug genommen wird, liest man dagegen ohne geschichtliche und geographische Relativierung:[19] »Das Edikt von Nantes [1598] machte erstmals den Versuch, zwei Religionen in einem Staate zuzulassen.« Das Edikt von Nantes war ein klassisches Toleranzedikt. Die Duldung, die es den Hugenotten gewährte, enthielt nichts von einer positiven Anerkennung der Glaubensinhalte und der zivilen Reformen der tolerierten Konfession. Ganz anders das berühmte zwölfte Felsenedikt des südasiatischen Maurya-Herrschers Ashoka aus dem -3. Jahrhundert. Es ist weit mehr als ein Toleranzedikt zur Wahrung des inneren Friedens und zeugt auch von mehr als bloßer Anerkennung. Es ist ein eigentliches »Reverenzedikt«, wie man es in der Geschichte der Christenheit und Europas nicht findet:

19 Es sei denn, Böckenförde gebrauche auch an dieser Stelle den Begriff *Staat* in dem besonderen Sinn, der nach seiner zu Beginn des Aufsatzes dargelegten durch und durch historizistischen Meinung allein im Streit zwischen weltlichen und kirchlich-religiösen Instanzen innerhalb der lateinischen Christenheit in Westeuropa aufgekommen ist. Aber selbst in diesem Fall wäre ein Verweis auf den Unterschied zwischen der Religionsfreiheit, die neuzeitliche europäische Staaten gewähren, und derjenigen, die in vorneuzeitlichen und asiatischen »Herrschaftssphären« zu finden ist, am Platz.

Der König ehrt alle Religionsgemeinschaften mit Geschenken und Ehrungen. Er hält jedoch Geschenke und Ehrungen nicht für so wichtig wie, daß Wachstum im Wesentlichen bei allen Religionsgemeinschaften sei. Ehrung und Tadel sollen gemäßigt sein, wenn dieser oder jener Anlaß besteht. Aber geehrt werden müssen fremde Religionsgemeinschaften in dieser oder jener Form. Wenn man so handelt, fördert man in starkem Maße seine eigene Religionsgemeinschaft und nützt auch der fremden. Wenn man anders handelt, verletzt man einerseits die eigene Religionsgemeinschaft, andererseits schadet man auch der fremden. Daher sind Versammlungen gut, damit sie voneinander den Dhamma [das Gesetz] hören und auch befolgen. Es ist das Bestreben des Königs, daß alle Religionsgemeinschaften sowohl gut informiert als auch aufgeschlossen sein mögen.[20]

Die umsichtigste philosophische Diskussion der säkularen Weltanschauung, ihrer Geschichte und ihrer verschiedenen Ausgestaltungen findet man in Charles Taylors monumentaler Studie *A Secular Age* (2007).[21] »Das säkulare Zeitalter« beginnt für Taylor im 18. Jahrhundert in der »nordatlantischen Welt« (Europa und Nordamerika) und ist in dieser Region der Erde zu seiner eigentlichen Entfaltung gekommen. »Säkularität« erstrecke sich zwar partiell und in verschiedenen Formen über diese Region der Erde hinaus, »im Rest der menschlichen Geschichte« sei jedoch nichts Vergleichbares zu finden. Taylor verweist gelegentlich auf asiatische Verhältnisse und Denkrichtungen (Buddhismus, Daoismus, Konfuzianismus).

20 Sprachlich vereinfacht und mit Auslassungen zitiert nach Schneider, 1978: 115.
21 Auf Taylors Buch wird im Folgenden ohne Verweis auf das Erscheinungsjahr, nur mit der Angabe der zitierten Seiten verwiesen.

Aber die Hinweise bleiben marginal. Etwas ausführlicher geht er zu Vergleichszwecken auf säkulare Ideen in der hellenisch-römischen Antike ein. Bei den dortigen Vorläufern und Vorbildern der neuzeitlichen Säkularität lassen sich bemerkenswerte Unterschiede ausmachen, mit deren Herausarbeitung es Taylor gelingt, der Besonderheit des modernen säkularen Zeitalters in der nordatlantischen Welt zusätzliches Profil zu verleihen. Daß es in Ostasien seit mehr als 2000 Jahren eine geschichtsmächtige säkulare Zivilisation gibt, mit deren Beschreibung dies noch weit mehr gelingen könnte, bleibt außerhalb von Taylors Forschungsfeld.[22]

Der originelle Beitrag Taylors zur Säkularisationsforschung besteht in seiner umfassend herausgearbeiteten These, daß die Säkularisation von Staat und Öffentlichkeit im nordatlantischen Raum nicht auf die Entzauberung der Natur (die Elimination von Geistern und magischen Kräften aus der Erklärung physikalischer wie psychologischer Vorkommnisse) und auf den noch radikaleren Verzicht auf »die Hypothese Gott«[23] in der theoretischen Physik (zur Erklärung des Universums) wie in der Staats- und Moralphilosophie (als Garant einer zivilen Ordnung und zur Begründung und Motivierung der Moral) reduzierbar ist. Der Erfolg der neuzeitlichen Säkularisation ist nach ihm nur mit dem gleichzeitigen moralischen Aufbruch zu erklären, mit einer Ethik der Freiheit und der universalen

22 Es fehlt selbstverständlich weder Taylor noch Habermas an »Transkulturalität«. Diese erstreckt sich jedoch bei beiden hauptsächlich auf die lange Zeit auseinanderstrebenden Denkbewegungen im deutschen, französischen und englischen Sprachraum sowie auf neue Entwicklungen in anderen wissenschaftlichen Disziplinen, in den Neurowissenschaften im besonderen. Die Literaturverarbeitung von Taylor und Habermas ist stupend. Umsonst sucht man jedoch bei beiden eine Berücksichtigung asiatischer oder gar afrikanischer Autoren.

23 Laplacesche Phrase, nicht Taylors.

Solidarität (die ihren Niederschlag in der Erklärung der Menschenrechte und in staatlichen Sozialeinrichtungen gefunden hat), der (von einer entsprechenden Alltagsmoral) begleiteten Wertschätzung des »gewöhnlichen Lebens«, von Familie, Arbeit, Spiel, Sport und Sinnesfreuden, der Kultivierung von Selbstdisziplin und Höflichkeit und nicht zuletzt mit einem ethisch motivierten Wissenschaftsideal (eine ehrlich gemeinte »vorurteils- und wertfreie«, illusionslose, nüchterne Beschränkung auf handfest, meßbar und intersubjektiv Nachweisbares und auf rationale Verfahren). Verbunden ist die neue Ethik mit der Entdeckung ihrer dem Menschen inhärenten Motivationsbasis. Atheismus und Religion haben sich beide, wie Taylor wiederholt betont, in der sich über die Jahrhunderte hinziehenden Auseinandersetzung miteinander weiterentwickelt und sich dabei tiefgreifend gewandelt. Heutige Theisten und Atheisten unterscheiden sich radikal von ihren Parteigenossen vor einem halben Jahrtausend.

Taylor läßt mit seiner Erklärung der Erfolgsgeschichte des Säkularisationsprozesses in der nordatlantischen Welt (von ihm nicht beabsichtigt und nicht ins Auge gefaßt) die erfolgreichste säkulare Weltanschauung Asiens, die konfuzianische Philosophie mit ihrem grundsätzlichen Agnostizismus in Bezug auf eine jenseitige Welt und ein Leben nach dem Tod in einem neuen Licht erscheinen. Ebenso dürfte der gewaltige zivilisatorische Erfolg dieser nontheologischen Menschen- und Naturlehre mit ihren jahrhundertelang attraktiven ethischen Idealen zu erklären sein. Auch die konfuzianische Weltanschauung geht mit einer anspruchsvollen Moral und einem in ihren besten Zeiten die Menschen animierenden Ideal der Selbstkultivation *(xiushen)* und des von einem hohen Ehrgefühl motivierten Gentleman *(junzi)* einher. Taylor schreibt (257) wie Böckenförde an der oben zitierten und beanstandeten

Stelle ohne jeden relativierenden Hinweis darauf, daß es sich keineswegs um etwas welthistorisch Erstmaliges handelt: »The discovery/definition of [the] intra-human sources of benevolence is one of the great achievements of our civilization, and the charter of modern unbelief.« Die gleiche Entdeckung der innermenschlichen Quellen des Wohlwollens und ihre Beschreibung um -300 durch Meng Zi (Menzius) ist ebenso und viel früher eine der großen Leistungen der chinesischen Zivilisation und die Charta, mit der sie ihren Agnostizismus in überirdischen Angelegenheiten legitimiert. Taylors zusammenfassender Satz (702) seiner These »The convincing force of modern atheism lies more in its ethical stance than in epistemological considerations« zeugt von einer innovativen Erforschung der neuzeitlichen europäischen Geschichte. Die Übertragung des Satzes auf China – »The convincing force of traditional Chinese agnosticism lies more in its ethical stance than in epistemological considerations« – deckt sich mit gängigen sinologischen Lehrbuchaussagen.

Die Lebensbejahung in China ist seit Webers und Habermas' typologisierndem Vergleich der Einstellungen zum Leben und zur Welt im Judentum/Christentum, »Hinduismus«, »Konfuzianismus« und in der hellenischen Metaphysik wohlbekannt.[24] Oberflächlichen, an den üblichen »westlichen« Leib/Seele- und Natur/Übernatur-Zweiteilungen orientierten Beobachtern macht die »chinesische Einstellung zum Leben« einen hedonistischen und materialistischen Eindruck. Das Gegenteil zu einem hedonistischen und materialistischen Leben ist in China freilich weniger ein spirituelles als vielmehr ein weises und ehrenhaftes Leben. Nicht Mystik, sondern

---

24 Siehe das Schaubild A 7 zusammen mit dem Kommentar dazu in meinem *Philosophie-Atlas*.

Weisheit ist ein Lebensziel. Für die traditionelle Kultur in China ist in besonders prägnanter Weise charakteristisch, daß weder die Hochschätzung der Künste, der akademischen Bildung und gehobener humaner Erfahrungen ganz allgemein noch das illusionslose Bewußtsein, daß das Leben, auch ein sogenanntes »glückliches Leben«, der Güter höchstes nicht ist, zu einer Anschwärzung von Sinnesfreuden, Wohlstand und Reichtum geführt hat.[25]

Ist der Verzicht auf Sinnesfreuden und Wohlstand unumgänglich, wird dies bedauert und nicht zu etwas Positivem umgedeutet, weder buddhaitisch als Mittel, sich von allem Leiden ein für alle Mal zu befreien, noch christlich mit der Aussicht auf eine unvergleichliche Kompensation in einem jenseitigen Leben. Abermals ist hier Meng Zi zu zitieren:

25 In einer philosophisch-soziologischen Studie zu den Glücksvorstellungen in der Bevölkerung Hong Kongs haben Cheung Chan-fai & Wan Po-san (2006) zu ihrer eigenen Überraschung festgestellt, daß unmittelbar nach der Gesundheit als der am höchsten geschätzte Glücksinhalt *clear and contented conscience* (Mittelwert: 8.96) genannt wurde. *Happy and fulfilled marriage* rangierte ebenfalls oben in der Liste (MW 8.58), während *satisfied and happy sex life* (MW 7.08) weit unten zu stehen kam, unmittelbar nach *wealth* (MW 7.13). *Excellent material enjoyment* und *handsome and beautiful appearance* besetzten mit den Mittelwerten 6.64 und 6.20 die beiden letzten von insgesamt zwanzig Plätzen. Bei allen Vorbehalten gegenüber Selbsteinschätzungen sind das beachtliche Ergebnisse, die mancher Klischeevorstellung von Chinesen (und von Hongkongern im besonderen) zuwiderlaufen. In unserem Zusammenhang ist aber auch beachtlich, daß Cheung und Wan die Hochschätzung des Gewissens »kulturalistisch« mit der offensichtlich nach wie vor wirksamen konfuzianischen Tradition erklären. Sie verweisen namentlich auf Meng Zi, jedoch gerade ohne die Ausstattung des Menschen mit einem Gewissen, wie es Meng Zi selbst tat, als eine Naturgegebenheit anzuführen. Zu einer ähnlichen Erklärung spontaner Hilfsbereitschaft im heutigen China siehe die Anmerkung 36.

Ich liebe Fisch und ich liebe Bärentatzen [eine Delikatesse im alten China]. Wenn ich nicht beides haben kann, lasse ich den Fisch und nehme die Tatzen. Ich liebe das Leben und ich liebe Rechtschaffenheit. Ich liebe wahrlich das Leben, aber es gibt etwas, das ich mehr liebe. Ich werde darum nichts Unehrenhaftes tun, um mir das Leben zu bewahren. [...] Angenommen, es gäbe einen Korb mit Reis und eine Schüssel mit Suppe. Wenn ich sie bekäme, bliebe ich am Leben; bekäme ich sie nicht, müßte ich sterben. Würden sie mit Verachtung angeboten, würde sie ein Landstreicher ablehnen; würden sie angeboten, nachdem man sie mit den Füßen traktiert hätte, würde sich ein Bettler nicht dazu erniedrigen, sie zu nehmen.[26]

Eine zweite These ist Taylor ebenso wichtig. Moderner »Unglaube« und Humanismus definieren sich nach ihm fortwährend direkt oder indirekt mit Bezug auf die traditionellen Religionen (269). Sie distanzieren sich von deren theologischen Inhalten und bleiben gleichzeitig von deren höchstem ethischen Ideal, einem universalen Wohlwollen, geprägt. Taylors Analyse gilt wohl für das neusäkulare Zeitalter, das vor gut dreihundert Jahren im nordatlantischen Raum eingeleitet worden ist. In China und seiner altsäkularen Zivilisation verhält es sich auffallend anders. Keinem Chinesen käme ein Satz wie der folgende in den Sinn: »The only past we have is religious« (Taylor, 712).

So viel zur Einführung in den Stand der Diskussion in Sachen Säkularität, nicht nur in einem nordatlantischen, sondern

26 Buch *Mengzi* 6A:10, zitiert nach *Sources of Chinese Tradition* I, 1999, 151 f., und Jullien, 1995: 140 f. Jullien vergleicht Meng Zi mit dem »Philosophen der Aufklärung« Kant (an der zitierten Stelle mit 1788: 6. 156 f.)

in einem globalen Horizont. In den folgenden Ausführungen zur altsäkularen Zivilisation in Ostasien wird sich mehrfach die Gelegenheit bieten, auf Taylors in historischer wie in philosophischer Hinsicht innovative Charakterisierung des modernen säkularen Zeitalters in Europa und Nordamerika zurückzukommen.

Trennung von Religion und Staat [27]

Die Trennung von Religion und Staat ist das offensichtlichste Kennzeichen einer säkularen Gesellschaft. Sie ist um so dringender und einer verfassungsrechtlichen Sicherung bedürftiger, je kirchlicher, kirchen- und staatsähnlicher die Religionsgemeinschaften organisiert sind und je ganzheitlicher ihr Anspruch, sämtliche Lebensbereiche, private und öffentliche, zu regulieren, ist. Die Religionsgemeinschaften im westlichen Teil der »Alten Welt« waren dies in der Regel mehr als die großen Religionen (Buddhadharma, Jainadharma, Daojiao) in Süd- und Ostasien.

Eine Ausnahme in dieser Hinsicht waren in Ostasien (und sind es in Südasien immer noch) einzelne Mönchsorden, vor allem buddhaitische. Deren Macht hat in China, Korea und Japan mehrfach zu gewaltsamen Aushebungen und Aufhebungen von Klöstern geführt. Sie sind dem Typ nach in allen drei Ländern eher mit denjenigen im Gefolge der Französischen Revolution in Europa verwandt als mit den Klosteraufhebun-

27 Da weltweit viele Religionen nicht kirchlich oder kirchenähnlich organisiert sind, verwende ich (in Konvergenz mit einem aufkommenden Terminologiewechsel) die Formel »Religion und Staat« und gebrauche die traditionelle Formel »Kirche und Staat« nur für das Verhältnis zwischen den christlichen Kirchen und den Staaten.

gen während der Reformationszeit. Die offizielle Begründung im Zuge der evangelischen Reformation war theologisch. Es ging um die Durchsetzung einer anderen, für allein richtig gehaltenen Konzeption der christlichen Heilslehre und Lebensgestaltung. Die Begründung in Ostasien war dagegen wie die im Gefolge der Französischen Revolution säkular-anthropologischer und offen politischer und wirtschaftlicher Natur. In China spielte offenkundig Ausländerfeindlichkeit[28] ebenfalls eine Rolle. Aber auch dieser Faktor fehlt im »Westen« nicht. In der Reformations- und in der Revolutionszeit machte sich gleichfalls eine von nationalistischen Motiven genährte Abneigung gegen die römische Kirche mit ihren religiös und politisch universalen Ansprüchen bemerkbar. Bei einer Vertiefung der Ursachenforschung findet man sich schließlich im »Osten« wie im »Westen« auf epochale gesellschaftliche Wandel verwiesen, in deren Gefolge antimonastische Tendenzen aufkamen.[29] Bei einem Vergleich zwischen »Ost und West« verdient es aber auch der zeitliche Unterschied, festgehalten zu werden. Zur ersten Welle von Klosteraufhebungen kam es in China um 845, fast 700 Jahre vor denjenigen der evangelischen Reformationszeit und ein knappes Jahrtausend vor jenen im Zuge der Französischen Revolution in Westeuropa.

Mit dem Verweis auf die negativen geschichtlichen Erfahrungen mit religiösen Bewegungen ist es in China bei einer bis heute anhaltenden polizeistaatsähnlichen Überwachung aller religiösen Gemeinschaften geblieben. Charismatische Pre-

28 Angestachelt u. a. von daoitischen Priestern, die sich von den fremden Religionen konkurrenziert sahen.

29 Eine umsichtige Darstellung der ersten großen Welle von Klosteraufhebungen im Zuge der Proskription ausländischer Religionen in China bietet Gernet, 1979: 248–251. Siehe auch *Sources of Chinese Tradition* I, 1999: 585 f.

diger sind in China seit Jahrhunderten, nicht erst seit dem Taiping-Aufstand zur Errichtung eines »Himmlischen Reiches vom Großen Frieden« im 19. Jahrhundert, als potentielle soziale Unruhestifter gefürchtet. Bei der mißtrauischen Einstellung gegenüber den christlichen Konfessionen kommt hinzu, daß die Missionare sich ihrerseits, wie sie es von ihren europäischen Herkunftsländern her gewohnt waren, nicht immer einer sorgfältigen Trennung ihrer religiösen Anliegen und der Interessen der Staaten, aus denen sie kamen, befleißigten.

Wie in Europa waren es jedoch religiöse und nicht staatliche Führerpersönlichkeiten, die in China als erste auf einer grundsätzlichen Trennung von Religion und Staat bestanden. Das älteste und zugleich berühmteste Dokument dazu stammt aus dem Jahre 404. Es handelt vom Recht buddhaitischer Mönche, sich vor Fürsten nicht zu verbeugen. Das Recht wurde auf eine ministerielle Anfrage hin vom angesehenen Mönch Huiyuan auf dem trireligiösen Klosterberg Lu Shan (in der heutigen Provinz Jiangxi) in einer berühmten Schrift[30] begründet und vom damaligen Herrscher im heutigen Nanjing dann auch akzeptiert.

Auch zwischen Religion und Wissenschaft gibt es eine beachtenswerte Trennlinie. Im November 2005 wurde der Dalai Lama zu einem Vortrag an der Jahrestagung der internationalen *Society of Neuroscience* in Washington, D. C., eingeladen. Über 500 Neurowissenschaftler protestierten gegen die Einladung. Sie begründeten ihren Protest mit ihrer Überzeugung, daß die Auswirkungen der Meditation auf die Gehirntätigkeit, zu denen der Dalai Lama sprechen sollte, noch nicht hinrei-

---

30 *Shamen bujing wangzhe lun* (»Abhandlung über die Gründe, warum Mönche den Herrschern nicht ihre Ehrerbietung erweisen müssen«), gekürzt wiedergegeben in: *Sources of Chinese Tradition* I, 1999: 426–429; vgl. dazu ebenfalls Gernet, 1979: 190.

chend wissenschaftlich belegt seien. In allen journalistischen Berichterstattungen wurde (zu Recht) darauf hingewiesen, daß die Mehrheit der Protestierenden in den USA tätige Wissenschaftler chinesischer Abstammung waren. Zugleich wurde unterstellt, daß ihr Protest aus Willfährigkeit gegenüber der chinesischen Regierung erfolgte. Nun gibt es eine psychologische Maxime,[31] daß man nicht nach einem höheren Motiv suchen soll, wenn sich eine Handlung mit einem niederen erklären läßt. Vor allem bei der Beurteilung von Menschen aus einer anderen Kultur ist es jedoch klug, sich eine entgegengesetzte Maxime vor Augen zu halten und zu fragen, ob für ein Tun, das man auf Anhieb mit einem niederen Motiv zu erklären geneigt ist, nicht vielleicht auch höhere Motive den Ausschlag gegeben haben oder mitschwingen könnten. Im vorliegenden Fall kann man zumindest in Erwägung ziehen, daß der Protest auch damit zu tun haben könnte, daß in China in der Vergangenheit die Kritik an der buddhaitischen Religion immer wieder mit dem Obskurantismus und Zelotentum begründet wurde, denen gegenüber buddhaitische Mönche wie Anhänger auch aller anderen großen Religionen nicht immer immun waren. Religiöses Schwärmertum und von charismatischen Religionslehrern genährte soziale Unruhen sind im allgemeinen Geschichtsbewußtsein in China präsent geblieben und werden von einem Teil der Regierenden gezielt präsent gehalten. Entsprechend ist keineswegs bloß die Regierung möglichen Anfängen in diese Richtung überempfindlich auf der Hut.

31 Die Maxime wird dem Historiker Edward Gibbon zugeschrieben.

Ein gewichtigeres Kennzeichen einer säkularen Gesellschaft als die formelle Trennung von Religion und Staat und für diese grundlegend ist die Trennung von Religion und Moral (und mit ihr eine nichtreligiöse Legitimation der gesellschaftlichen Verhältnisse). Die Autonomie der Moral ist eine Errungenschaft, die in Ostasien anders als in Europa seit der Achsenzeit nie in den Hintergrund gerückt ist oder ganz vergessen oder gar geleugnet wurde. Ihre klassische Beschreibung und humanpsychologische Fundierung hat sie bei Meng Zi im -4. Jahrhundert gefunden: Wer kein Mitgefühl, kein Gefühl der Scham, kein Gefühl für Höflichkeit und keinen Sinn für »richtig« und »falsch« hat, ist kein Mensch. Der Mensch hat diese vier Keime zu einem moralischen Verhalten genauso in sich, wie er Arme und Beine hat.[32]

Der auffälligste Unterschied zwischen den achsenzeitlichen Moralbegründungen in China und den neuzeitlich-europäischen, besonders der kantischen, besteht darin, daß in China ältere religiöse Begründungen keine spürbare und insgeheim animierende Rolle spielen. Bei Immanuel Kant, schreibt Habermas (2001b: 23), »findet die Autorität göttlicher Gebote in der unbedingten Geltung moralischer Pflichten ein unüberhörbares Echo«.[33] Habermas' Kant-Interpretation ist philolo-

---

32 Buch *Mengzi* 2A:6, zitiert nach *Sources of Chinese Tradition* I, 1999: 115 & 129.

33 Selbstverständlich gibt es nach Habermas (vgl. 2001c: 174 f.) noch weit gewichtigere Nachwirkungen der jüdisch-christlichen Tradition, so die Ideen einer »unantastbaren« Würde, der Gleichheit, der Freiheit und der Solidarität aller Menschen. Ebenso selbstverständlich ist keine dieser Ideen ausschließlich dem jüdisch-christlichen Traditionsstrang zuzuschreiben.

gisch und biographisch gut belegbar. In moralgenealogischer Hinsicht macht sie jedoch auf einer zu hohen Stufe Halt. Spätestens seit Ludwig Feuerbach sind für »göttliche Gebote« anthropologische Erklärungsversuche angezeigt. Fehl am Platz sind diese nur, wenn man an die übernatürliche Offenbarung der Gebote glaubt und in den Religionen keine genuin menschliche Kulturleistung sieht.

Paul Ricœur (1965) vernahm entsprechend hinter dem vordergründigen Echo aus religiösen Zeiten, auf das Habermas die Aufmerksamkeit lenkt, noch ein anderes, weiter und tiefer zurückreichendes Echo. Für Ricœur erinnern das Pathos, mit dem Kant seine Pflichtethik beschreibt, und die Unbedingtheit des kategorischen Imperativs an die Befehle eines unerbittlichen Vaters.[34] Man braucht kein orthodoxer Freudianer zu sein, um auf den Verdacht zu kommen, daß Kants Pflichtethik zusätzlich von heteronomen Motiven gestützt wird und keineswegs ausschließlich von der Einsicht in die Stringenz ihrer rationalen Begründung.

Kant selbst hatte (1788: 154) für die moralische Pflicht »alle

---

34 Nach psychoanalytischer Lehre wird Kants moralischer Imperativ unter demselben emotionalen Druck befolgt, den ältere Religionskritiker als die uneingestandene Triebfeder meinen entlarven zu können, von der Gläubige dazu angehalten würden, die göttlichen Gebote zu befolgen. Die strukturale Ähnlichkeit zwischen dem moralischen Verhalten (unabhängig davon, ob es wie bei Kant autonom mit einer Vernunfteinsicht oder wie von religiösen Lehrern heteronom mit einem göttlichen Gebot begründet wird) und neurotischem Verhalten ist für Psychoanalytiker ein Indiz für ihre genetische Verwandtschaft. Sie wird von ihnen auf dieselben problematischen psychologischen Erfahrungen in einem frühen Stadium der Entwicklung zurückgeführt: Beide, göttliche und kantische Imperative, werden nach psychoanalytischer Auffassung von der Verinnerlichung eines Lustverbotes gespeist, das in einem kindlichen Stadium der Entwicklung vom Vater oder von der Gesellschaft, die ihn vertritt, aufgestellt worden ist.

Verwandtschaft mit Neigungen stolz« (Psychoanalytiker meinen dagegen zu wenig kritisch, ohne hinreichende Selbst- oder Fremdanalyse) ausgeschlagen, nicht anders als manche Theologen genetische Erklärungen göttlicher Gebote als ganz und gar sachfremd von sich weisen. Man muß hier zwischen der rationalen Begründung eines moralischen Gesetzes einerseits und der kognitiven Entwicklung, die ein Mensch durchläuft, bevor ihm die kantische Begründung der Moral einzuleuchten vermag, sowie der emotionalen Kraft und Vehemenz, mit der sie dann gegebenenfalls befolgt und in der Diskussion verfochten werden, andererseits unterscheiden. Im Rahmen der kantischen Moralphilosophie erscheint der kategorische Imperativ als etwas *a priori* Einleuchtendes, Irreduzibles, Autonomes. In psychoanalytischer und, wie wir gleich sehen werden, in entwicklungspsychologischer Sicht dagegen als etwas Abgeleitetes, Heteronomes, dem faktisch andere und dazu höchst emotionale Erfahrungen von Forderungen vorausgehen.

Autonome Begründungen der Moral mögen, »an sich« betrachtet, stichhaltig sein. Sie sind jedoch nicht das einzige und möglicherweise auch nicht das primäre und eigentliche Motiv für ihre Proklamation und Befolgung. Ein tiefer liegender Antrieb und vielleicht auch das stärkste Motiv ist in einer entwicklungspsychologisch zu erklärenden Neigung, sich moralisch (korrekt, »ehrenwert«, so, »daß man sich nicht zu schämen braucht«, sympathisch, altruistisch oder ähnlich) zu verhalten, zu suchen. Kants Begründung erscheint so als eine »sekundäre Rationalisierung« von etwas, das man primär (noch) aus einem anderen Grund befolgt.[35]

---

35 Ein Vergleich kann die komplexe Motivationslage leichter nachvollziehbar machen. Stellen wir uns einen Industriellen vor, der mit einem diktatorisch regierten Land Handel treibt. Das primäre Motiv, das

Die Motivation menschlichen Tuns ist komplex. Menschliche Moral ist doppelbödig oder gar mehrfachbödig. Vor und neben den moralischen Motiven sind immer auch noch nichtmoralische (eigennützige) und vormoralische Motive wirksam, erworbene und angeborene Neigungen. Die Überzeugung der moralischen Autonomie, begleitet von einem Gefühl der Selbstgerechtigkeit, die sich mit dem Bewußtsein, über die richtige Gesinnung zu verfügen und moralisch zu handeln, einstellen mag, ruht auf einem komplexen und oft auch brüchigen Fundament.

Für den Konfuzianer Meng Zi ist die moralische Veranlagung dem Menschen von Natur aus eigen. Meng Zi begnügt sich, seine These mit seinem berühmten Gleichnis vom Kind, das in einen Brunnen gefallen ist und das jeder Mensch, der diese Bezeichnung verdient, spontan zu retten sucht, zu veranschaulichen.[36] Eine genetische Erklärung liegt ihm fern.

mag er freimütig zugeben, ist selbstverständlich der Gewinn, den er daraus für sein Unternehmen bezieht. Er pflegt jedoch nach außen seinen Handel mit der indirekten Stärkung der demokratischen Opposition, mit dem Vorteil, den sein Handel »dem leidenden Volk« des fremden Staates bringt, und schließlich auch noch mit der Beschaffung von Arbeitsplätzen in seinem eigenen Land zu begründen. Begründungen dieser Art dienen nicht nur der eigenen Rechtfertigung und gegebenenfalls der Kaschierung des primären Motivs, sondern können durchaus auch ein zusätzliches, wenn vielleicht auch nur ein untergeordnetes Motiv sein. Ein besonders gewiefter Industrieller verbindet sich mit sozial und religiös engagierten Kreisen und überzeugt sie, daß sie mit seinen Produkten und Investitionen ihre altruistischen Ziele am ehesten erreichen. Sind sie zusammen erfolgreich, ist ihr Sozialwerk ein Gemisch von Erst- und Zweitursachen unterschiedlicher Herkunft.

36 Wenn man heute Meng Zis Gleichnis liest, denkt man unwillkürlich an das »Große Erdbeben von Wenchuan« in der westchinesischen Provinz Sichuan am 12. Mai 2008. Mehr als 200 000 Helfer sollen sich auf eigenen Antrieb hin ins Katastrophengebiet begeben haben. Zahllose spendeten Blut und/oder Geld. Bemerkenswerterweise schreibt ein Teil

Eine solche Erklärung der menschlichen Moral findet man bei Charles Darwin[37] und heute im Anschluß an ihn in der Evolutionären Psychologie. Sie ist in unserem Zusammenhang auch darum bemerkenswert, weil Darwin explizit auf Kants feierliche Frage nach dem Ursprung des Pflichtbewußtseins verweist und beansprucht, sie zu beantworten.[38] Es ist eine naturalistische Erklärung, die weit hinter Habermas' und Taylors kultur- und religionsgeschichtliche und Freuds und Ricœurs psychoanalytische Assoziationen zurückgeht.

Darwin beginnt mit der Überlegung, daß die Menschen nicht nur mit einem Denkvermögen ausgestattet sind, sondern

der heutigen chinesischen Intellektuellen die spontanen Hilfeleistungen nicht, wie es Meng Zi getan hätte, einer Naturanlage der Menschen zu, sondern, wie es »westliche« Intellektuelle bei vergleichbaren Reaktionen im »Westen« zu tun pflegen, einer wirksam gebliebenen (bzw. im Fall Chinas wieder freigegebenen) jahrhundertealten Kultur. Ein analoger Befund in Bezug auf die Hochschätzung eines »klaren und zufriedenen Gewissens« wurde in der Anmerkung 25 angeführt. – Vgl. Taylor (371): »We [in ex-Latin Christendom] live in an extraordinary moral culture, measured against the norm of human history, in which suffering and death, through famine, flood, earthquake, pestilence or war, can awaken world-wide movements of sympathy and practical solidarity. Granted, of course, that this is made possible by modern media and modes of transportation, not to speak of surpluses. [...] The same media and means of transport don't awaken the same response everywhere; it is disproportionally strong in ex-Latin Christendom.« Solange man in China nicht über die gleichen freien Medien, Transportmittel und »Überschüsse« verfügt wie »in der ex-lateinischen Christenheit«, sind hierzu abschließende Urteile in der Tat verfrüht. Mehr Umsicht bei kulturellen Exklusivitätsansprüchen ist jedoch bereits heute möglich.

37 Kant, 1788: 154; Darwin, 1871: Chapter IV, 97–100; 1989: 102–104.

38 Mehr zum Vergleich der Genealogie der Moral nach Kant und nach Darwin in Holenstein, 1998: 124 f. – Taylor (589) fragt ebenfalls mit Worten, die an Kants Frage nach dem »würdigen Ursprung« und der »edlen Abkunft« des Pflichtgedankens, erinnern: »What are we to make of the aura surrounding these [modern axiological] standards, the fact that

als Lebewesen noch vor diesem ein Empfindungsvermögen, Gemüt, Register von Gefühlen und nicht zuletzt »soziale Instinkte« erworben haben. Das Zusammenleben in einer Gemeinschaft, wie es im Überlebensinteresse der Menschen ist, wird bei einer solchen Ausstattung am natürlichsten durch die Entwicklung eines moralischen Gefühls gefördert: »The following proposition seems to me in a high degree probable – namely, that any animal whatever, endowed with well-marked social instincts, would inevitably acquire a moral sense or conscience, as soon as its intellectual powers had become as well developed, or nearly as well developed, as in man.«

Die zwei wichtigsten Überlegungen, die Darwin zugunsten seiner Hypothese anführt, sind: (a) Die sozialen Instinkte lassen ein Lebewesen Vergnügen im Zusammenleben mit seinen Artgenossen und Mitgefühl (Sympathie) empfinden, die es dazu anhalten, allerlei Dienste zu verrichten. (b) Sobald sich die mentalen Fähigkeiten entwickelt haben, kommen Erinnerungsbilder an vergangenes Verhalten und an die Motive dazu auf, zusammen mit einem Gefühl des Unbefriedigtseins, wenn der stets gegenwärtige soziale Instinkt einem kurzfristig stärkeren Instinkt unterlegen ist.[39] Mit diesen beiden Sätzen

they command my admiration and allegiance? That is, after all, what the references to God and the cosmos were attempting to make sense of. It is not at all clear that Humeans, Kantians, let alone Nietzscheans, can offer a more convincing account of this than the traditional ones.« Read Darwin! fällt einem dazu als eine erste Antwort ein. Das Evolutionspotential der Natur ist überwältigend. Die Natur ist offenkundig fähig, inmitten von *faeces et urina* nicht nur Schönheiten und Fascinosa hervorzubringen, sondern auch das menschliche Sensorium dafür.

39 Eine Erklärung der Moral, die auf ihren evolutionären Vorteil für das Zusammenleben der mit ihr begabten Lebewesen verweist, ist selbstverständlich keine hinreichende Erklärung und erst recht keine hinreichende Begründung der Moral. Funktionale Erklärungen und Begründungen sind immer ergänzungsbedürftig. Wer die blau leuchtenden

kann sich jeder traditionelle chinesische Philosoph einverstanden erklären.

Den Standardeinwand gegen eine Ableitung moralischer Gebote aus angeborenen Gefühlen hat bereits Darwins erster wortmächtiger Anhänger, Thomas Huxley (1893: 79 f.), formuliert: Angeboren sind den Menschen nicht nur moralische Gefühle, sondern gleicherweise unmoralische. Der Natur können wir entnehmen, wie wir zu unseren Gefühlen gekommen sind, nicht aber, warum die moralischen vorzuziehen und die unmoralischen zurückzuweisen sind. Die Natur hat beide sanktioniert. Beide sind im Kampf ums Dasein von Nutzen. Taylors Einwand (vgl. 555) gründet in der derselben Überzeugung wie Huxleys: Gefühle reichen nicht aus für ein eigenständiges ethisches Handeln, das wir vor uns selbst und vor anderen verantworten können. Dazu sind Verstand und Vernunft, die Fähigkeit zu überlegen, erforderlich. Aber nach Meng Zi, der Evolutionären Moralpsychologie und nicht weniger nach dem auch empirisch bewanderten Moralpsycholo-

Augen des Federnfächers eines Pfaus mit ihrer Funktion, Angreifer abzuschrecken und/oder Weibchen anzulocken, erklärt, hat nicht erklärt, wie die farbenprächtigen Pfauenfedern überhaupt möglich sind. Dazu ist eine physikalisch-chemische Erklärung erforderlich. Ebensowenig verhilft eine darwinsche Erklärung moralischer Gefühle und Intuitionen Neurophysikern und Neurochemikern auch nur zu einer ersten Ahnung, wie es zu deren Emergenz in einem menschlichen Gehirn kommen konnte. Darwinsche Erklärungen bringen als funktionale Erklärungen immer nur unterbauungsbedürftige Ursachen ins Spiel. Funktionale Begründungen sind in erkenntnistheoretischen und ethischen Zusammenhängen gleichfalls ungenügend. Daß der Erwerb von mathematischen Erkenntnissen im Wettbewerb um einen Platz an der Sonne von Vorteil ist, trägt zur Begründung eines mathematischen Satzes nichts bei. Dazu ist eine rein mathematische Ableitung erforderlich. In analoger Weise sind für das Sinnverständnis moralischer Gefühle und Einsichten phänomenologische Analysen gefragt.

gen Kant (1797: 6.399 ff.) sind uns nicht nur Gefühle angeboren, sondern ebenfalls ein Sinn für das, was recht und was unrecht ist, nicht nur der Impuls, etwas zu tun oder zu lassen, sondern auch die Intuition, dazu verpflichtet zu sein, verbunden mit der Einsicht, daß es so gut ist.

In anthropologischer und evolutionspsychologischer Sicht spricht man in bezug auf die naturalistischen Begründungen der Moral angemessener von einer Rückkehr von religionsgeschichtlichen zu kognitionsgeschichtlichen Quellen der Moral und somit auch von *Re*säkularisation statt von einer (vermeintlich erstmaligen) Säkularisation. Moderne Nonreligiosität ist eine Rückkehr zur Nonreligiosität der frühesten Menschen, zumindest im Bereich der Ethik. Bevor soziale Einstellungen, Erwartungen und Praktiken im Verhältnis zu Verstorbenen, unpersönlichen Mächten, Geistern und Göttern aufkommen konnten, mußten sie im Verkehr der lebenden Menschen (und, wie man inzwischen weiß, bereits ihrer Vorfahren) miteinander entwickelt worden sein. Erstaunen und Erschrecken vor außergewöhnlichen Naturerscheinungen werden neben der Totenverehrung als eine Quelle von Religiosität angeführt. Selbst wenn man annimmt, daß sie ebenso alt sind wie die soziale Sensibilität der Menschen, bleiben zwei Fragen zu beantworten: (a) Wann und wie kamen sie dazu, solche Naturerscheinungen mit animistischen Eigenschaften zu verbinden? (b) Wann und unter welchen Bedingungen wurde ihre Erfahrung zu einer moralischen Triebfeder, von der die nichtreligiösen moralischen Motive unterbaut oder gar ersetzt worden sind?

Moralische und religiöse Überzeugungen und Praktiken haben im Verlauf der frühen Geschichte der Menschheit allmählich feste Konturen gewonnen. Einen Höhepunkt erreichte die Entwicklung mit ihrer systematischen Zusammenfügung. Manche Kulturhistoriker sehen in dieser Zusammenfügung eine definitorische Errungenschaft der Achsenzeit. Der Gottesbegriff wird ethisiert und damit einhergehend ebenso das religiöse Leben. Das höchste numinose Wesen, Gott oder »der Himmel«, handelt nun nicht mehr wie die alten Götter je nach Natur gutartig, bösartig oder launenhaft, so wie man es von Menschen (Herrschern zumal) und Tieren her gewohnt war. Desgleichen manifestiert sich Religiosität nicht mehr in Riten, bei denen es nicht darauf ankommt, ob sie mit innerer Anteilnahme oder rein mechanisch vollzogen werden. Opfer haben nicht mehr den Sinn, irgendwelche egoistische oder nichtegoistische Bedürfnisse von Geistern und Göttern zu befriedigen. Wichtiger oder gar allein entscheidend ist die Befolgung von Gottes moralischen Geboten. Reinheitspraktiken, altruistisches Verhalten und ordnungspolitische Vorstellungen, vor den archaischen Religionen oder zeitgleich mit ihnen aufgekommen, werden nun zusätzlich religiös begründet. Zum Teil vermögen sie aber auch innerhalb der Religionen ihre autonome Begründung zu bewahren (so beispielhaft die Goldene Regel).[40]

40 Es sind also zwei Thesen oder in Anbetracht des dürftigen Datenmaterials vielmehr Hypothesen auseinanderzuhalten: (a) Die Menschheit war anfänglich nonreligiös. (b) Die Motivation zu moralischem Verhalten war anfänglich nonreligiös. In unserem Zusammenhang ist allein die zweite Hypothese von Interesse. Dazu ist zu sagen, daß es zu den Anfängen von moralischem (vor allem altruistischem) Verhalten und moralischem Bewußtsein heute dank Biologie, Schimpansenforschung und Evolutionärer Psychologie solider begründete Hypothesen gibt als über die Anfänge der Religion. »Moral gäbe es nicht, hätte sie nicht einmal im Herzen der Religion angefangen: in der genauen Befolgung eines rituellen Ablaufs« (Türcke, 2006) ist keine geschichtlich ausgewiesene These. Die Befolgung eines rituellen Ablaufs ist wohl einer der Anlässe zur Entwicklung eines moralischen Bewußtseins gewesen, aber nicht unbedingt die Befolgung eines religiösen Ritus.

Daß der Begriff *Resäkularisation* anscheinend erst vor kurzem aufgekommen ist und nicht von Anfang an verwendet wurde, ist erstaunlich. Bereits die Prägung des Begriffs *Säkularisation* und seine primäre Verwendung für die Überführung von Kirchengütern, Gebäuden und ganzen Ländereien samt Herrschaftsrechten betrafen einen Vorgang, der eigentlich in einer Rückführung dieser Güter und Rechte in säkularen Besitz bestand. *Resäkularisation* ist so auch für diesen neuzeitlichen Vorgang die angemessene Bezeichnung. Die Kirchengüter, die von den Staaten konfisziert wurden, waren ja nicht seit je im Besitz der Kirchen, sondern wurden in früheren Zeiten diesen als Geschenke vermacht. Gelegentlich wurden sie von kirchlichen Institutionen mit ähnlich unlauteren Mitteln erschlichen oder mit Gewalt angeeignet, mit denen sie ihnen dann wieder weggenommen wurden. Zutreffend ist der Begriff *Säkularisation* dagegen für schulische und soziale Institutionen, die von den religiösen Gemeinschaften (in Asien wie in Europa) aus eigener Initiative und aus eigener Kraft geschaffen und gestaltet worden waren. Und natürlich ist auch nicht zu übersehen, daß manchen staatlichen und anderen säkularen Gepflogenheiten und Einrichtungen (*rites de passage,* Festtage, repräsentativen Bauten) die Gestaltung nach religiösen Vorbildern eher anzusehen ist als diesen Vorbildern die Prägung durch weiter zurückliegende »heidnische«, natur- oder vorreligiöse Vorlagen.

Böckenfördes Problem in Ostasien

Wenn man wie Meng Zi (und *mutatis mutandis* die evolutionäre Psychologie) eine natürliche Veranlagung der Menschen zur Entwicklung moralischer Gefühle annimmt, stellt sich das viel zitierte Böckenförde-Problem nicht in der besorgniserregenden Art wie bei der religionsgeschichtlichen Erklärung der moralischen Ressourcen des säkularen Staates, die heute unter älteren Denkern in Deutschland die Diskussion bestimmt.

Das vom Verfassungsrechtler Ernst-Wolfgang Böckenförde als Paradoxon formulierte Problem[41] besteht darin, daß ein freiheitlicher säkularer Staat von Voraussetzungen lebt, die er selbst nicht garantieren kann, ohne seine Freiheitlichkeit aufzugeben. In Europa und Amerika zehren die sittlichen Grundhaltungen und kulturellen Formen des Zusammenlebens, von denen die liberale Staatsordnung getragen wird, auch wenn sie längst wie der Staat selbst säkularisiert sind, von religiösen Traditionen. Jahrhundertelang wurden sie von diesen geformt und gehegt. Ihren Fortbestand scheint der säkulare Staat nicht mit den Mitteln des Rechtszwanges garantieren zu können, ohne in einen autoritären Staat umzukippen, der sich in moralische Angelegenheiten einmischt. Dies scheint ein Grund zu sein, weshalb besorgte Zeitdiagnostiker mit Erleichterung feststellen, daß die religiösen Traditionen nicht völlig versiegt sind und gegenwärtig erneut erstarken.

Sollte sich herausstellen, daß der Islam nicht zu einer Anerkennung des säkularisierten Staates mit garantierter Religionsfreiheit fähig ist, wie das der katholischen Kirche nicht ohne Mühe schließlich im Zweiten Vatikanischen Konzil gelungen ist, betrachtete Böckenförde (2007) dies als »einen Hinweis auf ein nicht aufgebbares Vernunftfundament [...] des säkularisierten Staates, das womöglich an den antik-jüdisch-christlichen Kulturkreis im Reflexionshorizont der Aufklärung gebunden ist«. Böckenförde schreibt, als ob (a) es gleichzeitig mit der hellenisch-römischen Antike in Süd- und

41 Erstmals 1967, zitiert nach dem Reprint 2006: 112 f.

Ostasien keine achsenzeitlichen Kulturen gegeben hätte, (b) die europäische Aufklärung des 18. Jahrhunderts die weltweit einzige Aufklärung gewesen wäre,[42] (c) es außer Judentum, Christentum und Islam keine weiteren »Weltreligionen« gäbe, und als ob (d) es nicht denkbar wäre, daß andere Religionen mit einem säkularen Staat seit jeher weniger Mühe hatten, als es die katholische Kirche und die evangelischen Landes- und Staatskirchen bis vor nicht allzu langer Zeit hatten und eine Mehrheit der Muslime noch immer zu haben scheint.

In China ist die Erinnerung an die theokratische Konzeption des Staates und eine theologische Begründung der Moral, die der säkularen Auffassung des Staates und der naturalistischen Begründung der Ethik vorausgingen, längst verblaßt. Der Wandel setzte nicht vor gut drei Jahrhunderten ein, sondern vor bald drei Jahrtausenden. Er wurde nicht wie in Europa in einem revolutionären Kampf erstritten, bei dem sich einzelne Gegner bis heute nicht geschlagen geben wollen. Er vollzog sich in China in einem relativ sanften Evolutionsprozeß, der noch weniger in lebendiger Erinnerung haften ge-

42 Wenn es etwas Besonderes gibt, das man der europäischen Aufklärung des 18. Jahrhunderts zuschreiben kann, dann sind es die in Menschenrechtserklärungen und Staatsverfassungen schriftlich fixierten Deklarationen der Freiheit und der rechtlichen Gleichheit aller Menschen (aber nicht auch schon ihre Verwirklichung) und deren Schutz durch die verfassungmäßige Trennung der staatlichen Gewalten und nicht durch einen absoluten Herrscher. Der menschheitsgeschichtlich originellste Artikel der *Déclarations des droits de l'homme et du citoyen du 26 août 1789* in Paris dürfte der Artikel 16 sein: »Toute société dans laquelle la garantie des droits n'est pas assurée ni la séparation des pouvoirs déterminée, n'a point de Constitution.« Die Gewaltenteilung ist vielleicht wichtiger als die Demokratie, obwohl natürlich nicht nur die Gewaltenteilung die Demokratie stützt, sondern umgekehrt diese auch jene.

blieben ist als die früheren religiösen Überzeugungen selbst.[43]
Man muß Historiker sein, um in einem Ausdruck wie »Mandat des Himmels« *(tianming)* ein Indiz für eine vorangehende Auffassung des Himmels als eines anthropomorph vorgestellten Gottes zu sehen, oder aber ein christlicher Missionar, der von einer offenkundigen oder verdeckten Universalität des Gottesglaubens ausgeht.

In Ostasien mit seinen alten, in die Achsenzeit zurückreichenden säkularen Traditionen vertraut man jedenfalls mehr auf natürliche Anreize zur Verwirklichung ethischer Lebensformen als in Europa. Sie machen sich individuell von Generation zu Generation und gesellschaftlich von Epoche zu Epoche (in der Vergangenheit von Dynastie zu Dynastie) immer wieder neu bemerkbar. »Kulturalisten« wie Böckenförde zweifeln dagegen an der Tragfähigkeit eines angeborenen sittlichen Ethos, zum einen weil vorteilhafte natürliche Anlagen der Weckung, der Pflege und der Weitergabe durch Erziehung be-

---

43 Mo Zi (Mo Di, Mizius, Mozius), um -470 bis -390, und seine Anhänger (»Mohisten« genannt) vertraten noch nach Kong Zis Tod (-479) eine theistische Interpretation des »Himmels« und eine für die Moral der Menschen unabdingbare Existenz von Geistern (siehe das Zitat in der Anmerkung 52). Nach dem Sieg der konfuzianischen Lehrrichtung in der Han-Zeit wurden ihre Schriften und die Erinnerung an ihre Kritik an Kong Zis Auffassungen in den Hintergrund der geschichtlichen Überlieferung verdrängt. Das bedeutet nicht, daß Taylors These »Religion remains ineradicably on the horizon of areligion; and vice versa« auf China nicht zutrifft. Religion ist für Konfuzianer jedoch nichts, das sie als etwas in Erinnerung haben, über das sie oder ihre Vorfahren in einem geschichtlichen Reifungsprozeß hinausgewachsen sind. Es ist etwas, das sie seit je in den sie umgebenden einheimischen Volksreligionen vorfanden und das ihnen in späteren Jahrhunderten, als ihnen ihr eigenes Lehrgebäude längst gefestigt und jedenfalls keiner theologischen Fundierung bedürftig erschien, in den volksreligiösen Ausgestaltungen der Lehre Buddhas und schließlich in den drei monotheistischen Offenbarungsreligionen begegnete.

dürfen, zum anderen weil der Mensch »von Natur aus *ambiva-lent,* nicht notwendig gut und nicht notwendig böse« sei.

Mehreres ist dazu zu sagen. Angeborene Anlagen, Gemüts-anlagen im Besonderen, bedeuten selbstverständlich nicht, daß man ihnen nicht zuwiderhandeln kann. Und sicherlich sind Erziehung und noch mehr Vorbilder solchen Anlagen förder-lich. Zur Eigenart natürlicher Veranlagungen gehört aber auch, daß sie sich in der Regel von sich aus bemerkbar machen. Es braucht dazu keiner Formung durch Eltern oder Lehrer. Ein zufälliger Auslöser genügt. Immer wieder sind es Jugendliche, die spontan, von innen heraus, von einem überraschenden Ide-alismus angetrieben, gegen den in ihren Elternhäusern, ihren Schulen und ihrem Milieu herrschenden Zeitgeist revoltie-ren. Sie finden ein Leben bloß zum eigenen Wohlsein minder-wertig und schreiende Ungerechtigkeit unerträglich. Kinder scheinen sehr früh eigenständig zu erfassen, was an sich gut (nicht beschämend, uneigennützig, gerecht) ist. Es ist für sie nicht unkritisch deckungsgleich mit dem, was ihnen in Tests von Psychologen als Gebot Gottes oder als Anordnung einer Autoritätsperson vorgestellt wird. Sie lehnen die These ab, ein Befehl Gottes könnte dazu führen, daß beispielsweise Stehlen kein Unrecht sei. Sie verfügen über ein autonomes moralisches Bewußtsein.[44]

Nicht nur die Natur des Menschen ist ambivalent, wie es, so Böckenförde (1995), in Europa die Kriege, Verbrechen, Verfolgungen und Völkermorde des 20. Jahrhunderts jedem Optimisten desillusionierend vor Augen geführt haben. Die Religionen sind es ebenfalls. Das Christentum ist keine Aus-

---

44 Vgl. Nucci & Lee, 1993: 144, besonders die Anmerkung 2. Etwas ist nicht deshalb gut, weil es Gott will, sondern Gott will es, weil es gut ist.

nahme, wie man es zum anhaltenden Nachteil für Europa und seine politologische Musterhaftigkeit in Asien zur Genüge erfahren hat.

Und wie gelingt es einem Staat, eine ethische Grundhaltung, auf die er zur inneren, subjektiven Stützung seiner freiheitlichen Ordnung angewiesen ist, vor kulturell oder gar religiös begründeten Ablehnungen fundamentaler menschlicher Werte und Rechte zu schützen? In Bezug auf eine der Religionen, den Islam, bei der Böckenförde auf die Möglichkeit gefaßt ist, daß sie sich als unverbesserlich ambivalent herausstellen könnte, gibt er selbst die Antwort (2007): Gegen eine religiöse Kultur, von der die Religionsfreiheit und andere Menschenrechte abgelehnt werden, »ist der Staat ungeachtet seiner Freiheitlichkeit und Offenheit gehalten, Barrieren zu errichten«. Dasselbe gilt doch wohl auch für menschenrechtswidrige Handlungen, die man auf ambivalente Naturanlagen zurückführt. Ein freiheitlicher Staat vermag also unethische Praktiken, zu denen Menschen entweder von ihrer Natur oder von ihrer Kultur verleitet werden, einzudämmen, ohne zu einem totalitären Staat zu verkommen.

Wie aber gelingt es einem Staat, ein positives Ethos unter seinen Bürgern zu bewahren, ohne sich selbst als freiheitlichen Staat aufzugeben? Auch dazu liefert Böckenförde im zuletzt zitierten Feuilletonartikel (1995) selbst die einschlägige Antwort: »Sein und Bewußtsein sind korrelativ miteinander verknüpft [...].[45] Die Praxis ökonomischer und gesellschaftlicher

45 Von einer eigentlichen Korrelation und Koevolution von Bewußtsein und Sein kann man allerdings erst in sekundären Phasen der Entwicklung sprechen. Phylogenetisch und ontogenetisch gehen Naturanlagen und »instinktive« Lebensvollzüge bewußten Überlegungen und Erziehungsmaßnahmen voraus. Für psychologische Realisten wie Kant war das eine Selbstverständlichkeit (vgl. 1797: 6.399): »Das moralische

Arbeits- und Lebensvollzüge, die ihrerseits von bestimmten Ideen – und seien es solche des bloßen materiellen Nutzens und der ziellosen Emanzipation – getragen sind, prägen und formen das Bewußtsein.« In eben diese Richtung weisen die politologischen Konzeptionen zur Sicherung eines staatserhaltenden Ethos, die man in Indien bei Buddha, in China beim Konfuzianer Xun Zi und in Hellas bei Aristoteles nachlesen kann.

Seit alters diskutieren Philosophen in Europa wie in China, was ein gedeihliches Zusammenleben der Menschen eher garantiert, strenge Gesetze oder eine gute Erziehung. In Europa und ebenso in Asien, in der aristotelischen ebenso wie in der konfuzianischen und in der buddhaitischen Literatur stößt man noch auf einen dritten Faktor: gesicherte Lebensbedingungen, die über dem Existenzminimum liegen und ein menschenwürdiges Leben zuallererst ermöglichen. Diese Auffassung ist wohl auch hinter der Forderung der chinesischen Regierung nach einem Recht auf wirtschaftliche Entwicklung vor den übrigen Menschenrechten zu sehen.

In einer für seinen philosophischen Argumentationsstil charakteristischen Weise sprach Buddha als gesuchter politischer Ratgeber von einer Bedingungskette: Armut bedingt Diebstahl, Diebstahl bedingt Gewalt, Totschlag und Lügen. Einem Herrschenden riet er deshalb: »Du solltest jenen, die den Acker bestellen und Vieh halten wollen, Samen und Futter geben, und jenen, die Handel treiben wollen, [Start-]Kapital.«[46] Der für seinen Realismus berühmte chinesische Phi-

Gefühl, das Gewissen, die Liebe des Nächsten [als sozialer Impuls] und die Achtung für sich selbst« sind »natürliche Gemütsanlagen«. Sie fungieren als »subjektive Bedingungen der Empfänglichkeit für den Pflichtbegriff«.

46 Zitiert nach Zotz, 1991: 95 & 97.

losoph Xun Zi schrieb im 3. vorchristlichen Jahrhundert: »Die frühen Könige und die genialen Kulturheroen *(shengren)* wußten, daß ein Herrscher das Volk nicht einen kann, wenn er dessen Dasein nicht verschönert und verbessert, und daß er seine Untertanen nicht regieren kann, wenn er sie nicht reich macht und ihnen förderlich ist.«[47]

Menschenwürdige Lebensbedingungen sind die beste Garantie für ein Selbstinteresse der Bürger an einer staatserhaltenden ethischen Gesinnung. Nach Aristoteles sind bei einem mittelständischen Lebensstandard einer breiten Schicht der Bevölkerung am ehesten stabile politische Verhältnisse zu erwarten. »Denn in solchen Verhältnissen gehorcht man am leichtesten der Vernunft.«[48] »Bürgertugenden« (oder etwas weniger positiv formuliert: eine »gutbürgerliche Moral«) und eine rechtsstaatliche und liberale Verfassung liegen im Eigeninteresse einer solchen Bevölkerung. Sie sind eine Garantie nicht allein für ihren Besitzstand, sondern ebenso für ihr Selbstwertgefühl. Bei einem gewissen Wohlstand ist ein Leben in Anstand möglich. Wenn man sich beides, Wohlstand und Anstand (mit etwas positiveren Konnotationen: *decency*), zu einem guten Teil selbst zuschreiben kann, ist damit auch das Gefühl eines höheren Selbstwerts und eines menschenwürdigen Daseins verbunden.

Heute findet man derartige als etwas bieder empfundene

47 Buch *Xunzi* 10.121, zitiert nach Roetz, 1992: 114; Chinesische Denker betrachten hinreichende Lebensbedingungen als eine objektive Bedingung der Empfänglichkeit für Erziehungsangebote. Vgl. *Sources of Chinese Tradition* I, 1999: 57 (*Lunyu* 13.9), 283 f. (Meng Zi und Denker der Han-Zeit) & 655 (Du You in Huainan, 8.–9. Jh.).

48 Aristoteles, *Politika* 4.11. Aristoteles hält Menschen mit mittleren Vermögensverhältnissen in ihrem Verhalten für berechenbarer als übermäßig Reiche und frustrierte Arme.

Aussagen am ehesten in soziologischen Untersuchungen: In Phasen wirtschaftlichen Aufschwungs sinken die Verbrechensraten. Arbeitslosigkeit und unverhältnismäßige Einkommensunterschiede haben eine gesellschaftliche Desintegration und eine Statuskluft zwischen einer Ober- und einer Unterschicht zur Folge, mit denen die Kriminalität tendenziell zunimmt, auf den Stockwerken der Wirtschaftsbosse ebenso wie, leichter faßbar, auf den Straßen der Städte.

Immer wieder kann man sie aber auch heute noch anthropologisch kompetent und mit ansprechenden Worten von Politologen und selbst von Politikern formuliert finden, die begabt genug sind, eigenständig zu denken, und darüber hinaus mit einem rhetorischen Talent gesegnet sind. Ein speziell im Hinblick auf die weltweite Realisation freiheitlicher demokratischer Verhältnisse beachtenswertes Beispiel ist der amerikanische Präsident Barack Obama, auch er wie Böckenförde ein Verfassungsrechtler, der von den jüdisch-christlichen Wurzeln der europäisch-amerikanischen Rechtskultur überzeugt ist.[49] Über ihn schrieb der Politologe Fareed Zakaria während des Wahlkampfs (2008): »Obama rarely speaks in the moralistic tones of the current Bush administration. He doesn't divide the world into good and evil [...]. He [...] never uses the soaring language of Bush's freedom agenda, preferring instead to talk about enhancing people's economic prospects, civil society and – his key word – ›dignity‹. He rejects Bush's obsession with elections and political rights, and argues that people's aspirations are broader and more basic – including

49 Obama, 2006: »Our law is by definition a codification of morality, much of it grounded in the Judeo-Christian tradition.« Aber Obama ist nicht weniger davon überzeugt, daß die Religionen kein »Monopol in Moralität« haben und daß es »überlappende Werte« gibt, die religiösen und säkularen Menschen gemeinsam sind.

food, shelter, jobs.« Schließlich zitiert er Obama selbst: »Once these aspirations are met, it opens up space for the kind of democratic regimes we want.«

Es ist etwas anderes, mit wirtschaftlichen Infrastrukturmaßnahmen den Boden zu bestellen, auf dem – getragen vom Eigeninteresse einer Mehrheit der Bevölkerung – zivile Tugenden (und das Bestreben, sie privat nachfolgenden Generationen nahezulegen) erstarken, als ihr diese mit einem von einer staatlichen Ethikkommission verfaßten Moralkodex beibringen zu wollen. Ein Staat, der sich um seine ökonomische Infrastruktur kümmert, läuft nicht Gefahr, seinen freiheitlichen Charakter zu verlieren. Im Gegenteil, er sichert sich diesen.

Konfuzianische Zivilreligion

In China ist das staatstragende Ethos seit mehr als zwei Jahrtausenden nicht in einer theologischen Religion fundiert, sondern in einer säkularen Lebenslehre, der konfuzianischen. Gute Werke werden nicht mit einer Belohnung und persönliche Opfer zugunsten anderer nicht mit einer Kompensation nach dem Tode in einer jenseitigen Welt motiviert, sondern allein mit ihren Folgen für die Angehörigen und die Gemeinschaft, der man angehört, in dieser Welt. Wenn es ein Korpus von Ideen gibt, das den Namen *Zivilreligion* verdient, dann ist es die konfuzianische Moral- und Staatsphilosophie.

Unter *Zivilreligion* versteht man weltanschauliche Überzeugungen, die man als unerläßlich für das solidarische Zusammenleben in einem Staat betrachtet. Dies können sowohl traditionelle religiöse als auch säkulare geschichtliche und soziologische Ansichten sein. Nach Jean-Jacques Rousseau, der den Begriff geprägt hat,[50] gehören zu den »Dogmen« der Zivilreligion die Existenz einer Gottheit, ein Leben nach dem Tod mit der Möglichkeit zu einer ausgleichenden Gerechtigkeit und desgleichen »die Heiligkeit des Gesellschaftsvertrags und der Gesetze«.[51] Heute zählt man dazu auch die Gründungsmythen eines Staates (mit ihren monumental überhöhten geschichtlichen Ereignissen) und grundsätzliche Überzeugungen, wie man sie, feierlich formuliert, in den Präambeln von Verfassungen (»Im Bewußtsein seiner [des Deutschen Volkes] Verantwortung vor Gott und den Menschen«), in Nationalhymnen (»Einigkeit und Recht und Freiheit sind des Glückes Unterpfand«) und Treuegelöbnissen (»das Recht und die Freiheit des deutschen Volkes tapfer zu verteidigen«) und anderen staatlichen Dokumenten finden kann. Der Übergang zwischen Rousseauscher *religion civile* und dem, was jüngere amerikanische Politologen *civic culture* nennen (grundsätzliche Einstellungen, wie ein Staat zu gestalten und zu führen ist, z. B. mehr liberal-demokratisch oder mehr sozial-demokratisch, autoritär oder mit aktiver Anteilnahme aller Bürger oder, wie im traditionellen China, nur der Gelehrtenschicht, mit einer einheitlicher Leitkultur oder mit einer Mehrzahl sich wechselseitig ergänzender und zugleich in die Schranken weisender Kulturen), ist ein fließender.

In der konfuzianischen Zivilreligion sind der Glaube an überirdische, anthropomorph vorgestellte personale Wesen (Geister und mythische Wesen, die niedrigstufigen Gottheiten polytheistischer Religionen vergleichbar sind) und ein Leben

---

50 1762: Livre IV, Chapitre VIII; 1964: 468.
51 Rousseau bezeichnet diese »Dogmen« als »sentiments de sociabilité, sans lesquelles il est impossible d'être bon citoyen«.

nach dem Tod ohne Bedeutung für die Ethik.[52] Der in der Tradition und nach wie vor im Volk vorgefundene Geisterglaube wird von den konfuzianischen Weisen respektiert und zugleich auf Abstand gehalten. Er kann sich nicht auf ein Wissen stützen, aus dem sich irgend etwas, das anthropologisch und ethisch relevant sein könnte, ableiten ließe. Kong Zi (Konfuzius) wird entsprechend häufig als Agnostiker bezeichnet.[53] Allem Anschein nach zweifelte er jedoch nicht an der Existenz götterähnlicher numinoser Wesen. Dies ist, wenn man den damaligen Stand des Naturwissens in Betracht zieht,

---

52 Eine andere Auffassung in Bezug auf die Geister vertrat Kong Zis bereits (in der Anmerkung 43) genannter Kritiker Mo Zi. Vgl. Mo Ti, hg. von Schmidt-Glintzer, 1992: 179–193; 189 f.: »Wenn die Tatsache, daß die Geister die Guten belohnen und die Schlechten bestrafen, zur Grundlage im Staate gemacht und den Leuten erklärt werden kann, dann ist dies ein Weg, auf dem man den Staat in Ordnung hält und der Bevölkerung nützt.«

53 Hansen (1979: 29 & 33) spricht von einem »pragmatischen«, Richard Wilhelm (1926: 351) von »einem etwas sterilen Agnostizismus«. Beides sind in ihrem Kontext passende Bezeichnungen, die erste in lebenspraktischer, die zweite in philosophisch-heuristischer Hinsicht. Theistische Religionen machen ontologische Annahmen, die Außenstehenden »unglaublich« vorkommen und die (nicht überraschend) auch bei ihren Anhängern immer wieder Glaubenszweifel wecken. Sie halten so die philosophisch veranlagten unter ihren Anhängern zum Nachdenken und zu exquisiten ontologischen und erkenntnistheoretischen Theoriebildungen an. Ähnliches gilt für ihre nicht einfach pragmatisch erklärbaren ethischen Anforderungen (Unauflöslichkeit der Ehe, Zölibat, Abtreibungsverbot, Euthanasieverweigerung). Die heiligen Schriften sind nicht widerspruchsfrei und stammen aus fremd gewordenen Zeiten und oft auch aus anderen Kulturen. Ihre Deutung und die Anwendung ihrer Vorschriften unter veränderten Lebensbedingungen zwingen zu hermeneutischen Überlegungen, zur Frage in welchen von mehreren möglichen Bedeutungen (im wörtlichen oder in einem übertragenen Sinn) sie zu lesen sind. Religiöse Erfahrungen sind mit Realitätsansprüchen verbunden, die sie von ästhetischen Erfahrungen, mit denen sie als mehr als bloß sinnliche Erlebnisse vergleichbar sind, unterscheiden. Ein Problem, das

keine großen Überraschung. Nur zu ihrer Essenz enthielt er sich (anders als Buddha[54]) jeglicher Aussage. Der Verlust des Glaubens an Naturgeister und andere mythische Wesen im Verlauf der Zeit bedeutete für Konfuzianer (wie auch für Anhänger Buddhas) keine Revolution in der Denkungsart, vor allem nicht in der ethischen. Er ist in dieser Hinsicht nicht mit dem Verlust des Glaubens an den übernatürlichen Gott, der Himmel und Erde aus dem Nichts erschaffen und sich als moralischer Gesetzgeber geoffenbart hat, vergleichbar, wie er in den abrahamitischen Religionen erlebt wurde. Er kann eher mit dem Abhandenkommen des Glaubens an die Existenz von Engeln in diesen Religionen verglichen werden.

Kong Zi beruft sich auch nicht wie Sokrates auf eine innere Stimme, die dieser als etwas Göttliches und Geisterhaftes *(theion kai daimonion)* bezeichnet, die ihn von Kindheit an davon abgehalten habe, gewisse Dinge zu tun.[55] In einem bedenkenswerten Kontrast zu Sokrates nimmt Kong Zi für sich in Anspruch, daß er »mit fünfzig die Verordnungen des Himmels *(tianming)* kannte«. Sie sind für ihn nichts Subjektives, sondern etwas von Natur aus Gültiges und objektiv Erkennbares, zu dem man wie zum Himmel über sich aufschauen

die Religionen seit je kennen, ist »die Unterscheidung der Geister« und die Unterscheidung zwischen »echten und falschen Propheten«. Es sind wohl solche Implikationen der Religionen, die bei ihren Anhängern zu Sensibilitäten führen, die »religiös unmusikalischen« Denkern Respekt einflößen und Philosophen wie Habermas zur Aufforderung veranlassen, sie bei der Suche nach der Lösung neuartiger ethischer Probleme und bei der Beantwortung existenzieller Lebensfragen zur Beratung beizuziehen.

54 Beziehungsweise die frühesten buddhaitischen Texte, deren Zuschreibung an Buddha selbst anscheinend mehr als ungesichert ist. Nach buddhaitischer Auffassung sind Götter und Geister zwar von längerer Lebensdauer als die Menschen, aber doch auch sterblich und wie diese aufklärungs- und erlösungsbedürftig.

55 Platon, *Apologia Sokratous* 31d.

kann. Neokonfuzianer wie Wang Yangming, die sich später auf ihr »Herz« *(xin)* berufen,[56] haben dieses nie als etwas Göttliches oder als eine Art *daimonion* verstanden.

Eine eminente Rolle spielt dagegen in der klassischen konfuzianischen Ethik *tian,* der »Himmel«. *Tian* wurde zwar in der frühen Zhou-Zeit (um -1000) wie *Shang Di,* der »Herr in der Höhe« der vorangehenden Shang-Dynastie, als persönlicher Gott verehrt. Zur Zeit des Kong Zi wird er jedoch bereits nahezu völlig entpersonalisiert gedacht, freilich mit einer unseren ontologischen Vorstellungen zuwiderlaufenden Einschränkung. Es werden ihm trotz fehlender Personalität[57] moralische Absichten und ein moralisch begründetes Eingreifen in das irdische Geschehen und in die politischen Verhältnisse zugeschrieben. Ethisch begründete Naturkatastrophen und der Sturz von Dynastien sind sein Werk. Dennoch war *tian* weder vor noch nach Kong Zi je Gegenstand theologischer Reflexionen. Es gab keine Gottesbeweise und keine hochspekulativen Erörterungen personaler Eigenschaften, die er mit den Menschen teilt oder gerade nicht teilt, und die als miteinander vereinbar oder unvereinbar angesehen werden konnten. Der Glaube an ihn blieb entsprechend auch von atheistischen Polemiken verschont. Ebensowenig findet man vernunftstolze Widerlegungen heteronomer theologischer Moralbegründungen. Die Autonomie moralischer Maximen gründet spätestens seit Meng Zi zu selbstverständlich in lebendiger Erfahrung.

Der Himmel wird von der konfuzianischen Philosophie nicht als eine übernatürliche Gegebenheit gedacht, sondern als überirdischer Teil der Natur, der als Ordnungsfaktor von die-

---

56 Vgl. das Zitat und der Vergleich Wang Yangmings mit seinem Zeitgenossen Luther in Holenstein, 2007: 76.

57 Buch *Mengzi* 5A:5, zitiert nach *Sources of Chinese Tradition* I, 1999: 144: »Der Himmel spricht nicht.«

ser nicht abtrennbar ist. Soweit er als eine numinose, wenn auch unpersönliche Ordnungsmacht aufgefaßt wird, ist er, wie beim konservativen Kong Zi selbst und später innerhalb des »religiösen Konfuzianismus« *(Rujiao)*, Adressat von individueller Andacht und kultischen Zeremonien, von Gebeten und Opfern. Soweit er, wie schon sehr früh innerhalb des »philosophischen Konfuzianismus« *(Rujia)*, abstrakter als ein zugleich überirdisches kosmisches und übermenschliches (d. h. nicht konventionelles) ethisches Prinzip aufgefaßt wird,[58] erfüllt er ähnlich wie bei Kant (1788: 288) »der bestirnte Himmel über mir und das moralische Gesetz in mir« das menschliche »Gemüt« mit »Bewunderung und Ehrfurcht, je öfter und anhaltender sich das Nachdenken damit beschäftigt«. Als ethisches Regulationsprinzip manifestiert sich der Himmel denn auch vor allem in den intuitiven moralischen Überzeugungen der Menschen. Von den Philosophen unter den Konfuzianern werden die traditionellen an den Himmel adressierten Zeremonien nur mehr symbolisch als Ausdruck der Ehrfurcht und der Dankbarkeit einem wenig faßlichen Schicksal gegenüber interpretiert.[59]

Der Ehrfurcht erweckende Charakter des »himmlischen«

58 Von Xun Zi, dem bedeutendsten konfuzianischen Philosophen nach Kong Zi und Meng Zi, wird *tian* bereits im -3. Jahrhundert gänzlich »entmythologisiert«, nur mehr als ein Begriff für die Natur gebraucht. Vgl. *Sources of Chinese Tradition* I, 1999: 170–174.

59 Der Schicksalsglaube sollte bei Chinesen trotz unübersehbar vieler abergläubischer Praktiken nicht überschätzt werden. Nach der in der Anmerkung 25 zitierten Studie von Cheung und Wan nennen die Einwohner von Hong Kong bei der Frage nach den Ursachen menschlichen Glücks in guter konfuzianischer und daoitischer Tradition *selfcultivation and ability* (Mittelwert: 8.05) an erster und *Fate or God's will* an fünfter und letzter Stelle (MW 5.37) – nach den interpersonalen Beziehungen, dem gesellschaftlichen und politischen System und den externen materiellen Bedingungen!

Regulationsprinzips, der ihm zugeschriebene, wenn auch unbestimmt gelassene und mit seiner unpersönlichen Natur nicht ohne weiteres vereinbare moralische »Wille«,[60] die Art, wie die Riten gepflegt werden, und ihre Bedeutung in der Lebenspraxis rechtfertigen es, die konfuzianische Moral- und Staatslehre und nicht nur ihre volkstümliche Ausgestaltung als eine Religion zu bezeichnen.[61] Die konfuzianische Lebenslehre hat mit den großen Religionen darüber hinaus gemeinsam, daß sie sich auf eine hochverehrte Stifterpersönlichkeit und auf kanonische, wenn auch nicht »heilige« und geoffenbarte Schriften beruft.[62] Alles in allem betrachtet ist die Bezeichnung als »Zivilreligion« für die konfuzianische Moral- und Staatslehre insgesamt passender als für die »Dogmen«, für die Rousseau den Begriff geprägt hatte, es sei denn, man ziehe es vor, ihn

60 Wenigstens solange solche Zuschreibungen mehr als nur metaphorische Redewendungen waren. Auch uns kommt die Zuschreibung eines Willens an das Schicksal leicht über die Lippen: »Das Schicksal wollte es so . . .« Die Zuschreibung eines Willens an eine unpersönliche Macht erscheint uns widersinnig zu sein. Bevor wir uns darüber jedoch ein abschätziges Urteil erlauben (statt nach einer genetischen Erklärung zu suchen), ist es besser, uns bewußt zu machen, daß die Zuschreibung eines »freien Willens« an eine Person nicht nur Neurologen, sondern auch vielen Philosophen ebenfalls als eine ontologische Unmöglichkeit erscheint.

61 Vgl. die umsichtige (jedoch ohne expliziten Bezug auf die chinesischen Himmelskonzeptionen) disjunktive Definition von Wallis & Bruce, 1992: 10 f.: »Religion for us consists of actions, beliefs, and institutions predicated upon the assumption of the existence of either supernatural entities with powers of agency, *or impersonal powers or processes possessed of moral purpose,* which have the capacity to set the conditions of, or to intervene in, human affairs« [Kursivierung hinzugefügt].

62 Ähnlich wie muslimische Kinder in dem Alter, in dem sie zu lesen und zu schreiben lernen, den Quran in dafür eigens eingerichteten Schulen auswendig lernen, lernten chinesische Kinder während Jahrtausenden ihre Klassiker auswendig. Einem neu aufgekommenen Trend erst in Taiwan und nun auch in Großstädten auf dem Festland folgend, tun sie es heute wieder.

für Staatskonzeptionen zu reservieren, für die wie bei Rousseau theologische Glaubensartikel grundlegend sind.

Die neokonfuzianischen Philosophen haben die überlieferte konfuzianische Moral- und Staatslehre unter dem Einfluß der ontologisch überlegenen philosophischen Theorien, die sie bei daoitischen und buddhaitischen Gelehrten kennengelernt hatten, zu einem umfassenden Lehrsystem von der Welt und der Natur des Menschen weiterentwickelt. Sie teilte fortan mit den traditionellen theologischen Religionen das Angebot einer *comprehensive doctrine* für alles, Sein und Sollen, für das, was ist, ebenso wie für das, was zu tun ist. Da sie nach wie vor als eine nichttheologische Weltanschauung verstanden wurde, hatten die neuzeitlichen Revolutionen in den Naturwissenschaften in der konfuzianischen Zivilreligion jedoch weit geringere Konflikte und Konvulsionen zur Folge als in den abrahamitischen Religionen. Es wurden keine göttlichen Offenbarungen und heiligen Schriften widerlegt, sondern nur ein der aristotelischen Naturphilosophie vergleichbares, von Menschen geschaffenes Theoriegebäude. Zu bewältigen war ein innernaturtheoretischer und als solcher nichttheologischer Paradigmenwechsel und nicht die Widerlegung eines geoffenbarten Weltbildes durch eine vom menschlichen Verstand entworfene Konzeption der Natur.[63] Kein theologisches Weltbild brach zusammen. Es wurde nur eine übermäßig spekulative organismische Naturkonzeption, der gegenüber mehr empirisch eingestellte chinesische Gelehrte[64] auch schon vor oder

63 Hinzu kommt, daß die süd- und ostasiatischen Lehrsysteme und Lehrrichtungen keine Autoritäten kennen, die dank ihres Amtes über die Richtigkeit einer Lehre zu entscheiden befugt sind und über die rechtlichen Mittel zu ihrer Durchsetzung verfügen (vgl. Wagner, 2007: 234 f.).

64 Vertreter der »Schule der Überprüfungen und Beweise« *Kaozheng Xue* (namhaftester Repräsentant: Dai Zhen, 18. Jahrhundert).

unabhängig von der Rezeption der neueren wissenschaftlichen Entwicklungen in Europa kritisch und skeptisch eingestellt waren, durch eine empirisch besser abgestützte ersetzt. Ein Typ wissenschaftlicher Kategorien wurde durch einen anderen abgelöst. Das mythologische Weltbild früherer Jahrhunderte war für die konfuzianischen Gelehrten längst entzaubert. Die von naturwissenschaftlichen Annahmen freie alte konfuzianische Ethik ließ sich von der neokonfuzianischen Konzeption des Universums außerdem leichter trennen als die Ethik des Aristoteles von dessen Philosophie der Natur. Es handelte sich um eine spätere Zutat ohne Vorlage bei den achsenzeitlichen Klassikern. Mit dem Aufkommen naturalistischer, evolutionspsychologischer Erklärungen des menschlichen Moralbewußtseins hat die konfuzianische Ethik, wie sie von Meng Zi vertreten wurde, zudem eine explanatorische Unterbauung erfahren, die ihr als Ergänzung und Bestätigung ihrer rein deskriptiven moralischen Analysen nur willkommen sein kann. Manche europäische Ethiker haben dagegen mit ihrem »kulturalistischen« Menschenbild und mit ihrer innerhalb der Naturwissenschaften längst überholten eliminativen Konzeption des Naturalismus[65] weiterhin Mühe, zwischen einer genetischen (Ursachen anführenden) Erklärung und einer (Gründe nennenden) Rechtfertigung von ethischen Überzeugungen kein antagonistisches, sondern ein komplementäres Verhältnis zu sehen.[66]

[65] Zur Unterscheidung zwischen dem alten eliminativen und dem neuen nicht-eliminativen Naturalismus, für den emergierende Ebenen der Wirklichkeit, die autonomen Gesetzen folgen, möglich sind, Holenstein, 1994.
[66] Vgl. Holenstein 1987 & 2005.

Überzeugte Konfuzianer können sich heute wohl leichter, mit geringerem Interpretationsaufwand, mit den klassischen Konzeptionen ihrer zivilreligiösen Philosophie identifizieren als gläubig gebliebene Juden, Christen oder Muslime mit dem Inhalt ihrer heiligen Schriften, so wie diese von ihren Verfassern selbst und von den Autoritäten, die sie zu kanonischen Schriften erklärt haben, verstanden worden sind. Als Menschen mit »modernen« wissenschaftlichen Vorstellungen brauchen Konfuzianer an weniger zentralen naturtheoretischen Vorstellungen ihrer Klassiker tiefgreifende Nichtigkeitserklärungen vorzunehmen als Anhänger der drei »westlichen« Offenbarungsreligionen. Natürlich gibt es dafür einen einfachen Grund. Die konfuzianischen Klassiker enthielten sich, von wenigen unwesentlichen Ausnahmen abgesehen, Aussagen über nicht sinnlich erfahrbare Dimensionen der Wirklichkeit und über den Anfang und das Ende der Welt. Bekennende »aufgeklärte« Juden, Christen oder Muslime müssen sich mehr als bekennende »moderne« Konfuzianer fragen, ob die von ihnen vorgenommenen metaphorischen Interpretationen nicht doch historisch unhaltbare Uminterpretationen sind. Jedenfalls müssen sie eher darauf gefaßt sein, von Glaubensgenossen, die sich selbst als orthodox bezeichnen, als nicht rechtgläubig angesehen zu werden.

Dagegen kann man halten, daß Konfuzianer, wenn sie sich zu »modernen« Konzeptionen des menschlichen Individuums, der Familie, der Gesellschaft und des Staates bekennen, gerade im Kernbereich der überlieferten Moral- und Staatsphilosophie einschneidende Änderungen vorzunehmen haben. Man denke an die fehlende Gleichberechtigung der Besitzlosen und der Frauen, an den Paternalismus und an die obrigkeitsstaatliche Konzeption des Staates. Die mangelnden gesellschaftlichen Freiheitsräume und -rechte der Individuen vertragen sich schlecht mit dem heutigen Verständnis des urchinesischen (daoitischen wie konfuzianischen) Ideals der Selbstkultivation eines jeden Menschen. Heute als unhaltbar angesehene »vormoderne« soziale und politische Verhältnisse sind allerdings auch den heiligen Schriften und gar vielen historischen Autoritäten der Offenbarungsreligionen nicht fremd. »Die Freiheit des Christenmenschen« war primär eine Freiheit vor Gott und gegenüber nicht biblisch legitimierten kirchlichen Institutionen. Selbst bei Martin Luther, dem neuzeitlichen Herold dieser Freiheit, vertrug sie sich sehr wohl mit der Einordnung in die überkommenen gesellschaftlichen Strukturen und mit der Unterordnung unter eine undemokratische staatliche Obrigkeit. Judentum und Christentum können sich jedoch etwas darauf zugute halten, daß sich in der Bibel neben zeitbedingten gesellschaftlichen Ansichten griffige Motive zu den neuzeitlichen Sozialreformen und politischen Revolutionen finden. Von den biblischen Schriften genährte Idealvorstellungen haben häufig zu Revolutionen und Reformen und zu ihrem andauernden Erfolg beigetragen.

Nun sind nicht nur Kulturen von der Größenordnung Chinas komplex, auch die Jahrtausende zurückreichende Geschichte dieser Kulturen ist es.[67] Man findet in ihr nicht ausschließlich Ansichten, die mit den heutigen Konzeptionen von Mensch, Gesellschaft und Staat unverträglich sind. Immer wieder stößt man auf solche, mit denen sich die vom »Westen« propagierten Konzeptionen durchaus von der eigenen Tradition her motivieren oder zumindest nachträglich legitimieren lassen. Häufig begegnet man ihnen freilich in dissidenten

67 Vgl. dazu den ersten Essay, oben S. 28 ff.

Kreisen oder in solchen, die über Jahrhunderte wirkungslos blieben. Aber im Fall der drei Offenbarungsreligionen sind die vorhandenen Motive für die modernen gesellschaftlichen Reformen ebenfalls allzu lange folgenlos geblieben. Sie sind in diesen jedoch früher virulent geworden, und dazu mit Auswirkungen rund um die Erde.

Das mag einer der Gründe sein, weshalb man heute in China Akademikern begegnet, die sich als »Kulturchristen« *(wenhua jidutu)* bezeichnen. Sie übernahmen diese Bezeichnung von Europäern und Amerikanern, die in einem christlichen Milieu aufgewachsen sind, jedoch an die ontologischen Lehren der Kirche (Existenz Gottes, seine Offenbarung in der Bibel und seine Menschwerdung in Jesus, Unsterblichkeit der Seele, Himmel und Hölle) nie geglaubt haben oder den Glauben im Verlauf der Jahre über Bord geworfen haben. Europäer und Amerikaner, die sich als Kulturchristen bekennen, sondern sich mit dieser Selbstbezeichnung von den gläubig gebliebenen »Kirchenchristen« ab. In ihrem Denken und vor allem in ihrem Fühlen sind sie jedoch weiterhin von den kirchlichen Lehren geprägt und stehen auch zu dieser Prägung. Sie halten an zentralen Wertvorstellungen des Christentums fest. Ebenso versuchen sie, sich ihr kulturell (spezifisch katholisch oder evangelisch) geformtes Sensorium für das Unergründliche in der Natur des Menschen und des Universums zu erhalten. Sie schätzen die kulturellen Leistungen des Christentums hoch ein und möchten diese als Erbe der Menschheit bewahrt wissen. Diese kulturellen Leistungen sind am sichtbarsten in der Kunst und, obschon weniger monokausal erklärbar und phasenweise gegen kirchlichen Widerstand durchgesetzt, in den Wissenschaften und in den »modernen« Konzeptionen des freiheitlichen Rechtsstaates und der Menschenrechte. Die Chinesen, die sich als Kulturchristen bekennen, bewundern die geschichtlichen Leistungen des Christentums und sind der Ansicht, daß es sich lohnt, die Wertvorstellungen, denen sie diese Leistungen zuschreiben, auch in einer nichtchristlichen Umgebung zu pflegen.[68] Der einzige Unterschied besteht darin, daß sie nicht mit ihnen aufgewachsen sind, sondern sie zusammen mit der Bezeichnung »Kulturchristentum« adoptiert haben.

Stellen wir uns einen Nichtostasiaten vor, der die konfuzianische Moral- und Staatsphilosophie kennen und schätzen lernt, so sehr, daß er geneigt ist, sich mit ihren Wertvorstellungen ähnlich zu identifizieren und ihre geschichtlichen Leistungen und ihr Zukunftspotential ähnlich hochzuachten, wie es ostasiatische Kulturchristen dem traditionellen Christentum gegenüber zu tun pflegen. Zu den zentralen konfuzianischen Wertvorstellungen, die er schätzt, gehören Selbstkultivation, ästhetische Sensibilität, die gesellschaftliche Verantwortung der Intellektuellen und Meng Zis Auffassung, daß bei aller Wertschätzung des Lebens dieses doch nicht der Güter höchstes ist. Theologischen Religionen gegenüber hegt er ein gelassenes Verhältnis, soweit sie sich in einen säkularen Staat fügen. Ein solcher Nichtostasiate wird sich, wenn er sich in der Geschichte auskennt, nicht als ein besonders »moderner Mensch« vorkommen. Sein »Kulturkonfuzianismus« ist keine Errungenschaft einer neuzeitlichen Aufklärung, gerade gute 300 Jahre alt. Sein Verständnis einer von einer numinosen Ordnungsmacht unabhängigen Moral- und Staatslehre reicht

---

68 Ling, 2001: »›Cultural Christians‹ [...] do not identify with any church; in fact, they do not even attend church. But they are promoting Christian ideas and values in the Chinese academic context. Their goal is to make Christianity (understood in their own way) a visible force in China's search for a new social and intellectual order in the twenty-first century.«

in die vorchristliche Achsenzeit zurück, wenn nicht bis zu Kong Zi selbst, so doch mindestens bis zu Xun Zi. Wovon er sich innerhalb der noch immer lebendigen konfuzianischen Tradition distanziert, ist kein theologisch oder auch nur religionsphilosophisch hochentwickelter »Kirchen-« oder, angemessener gesagt, »Kultkonfuzianismus«, sondern eine Volksreligion mit mehr anthropologisch als ontologisch faszinierenden Glaubensüberzeugungen und Riten. Für die Mehrzahl der konfuzianischen Gelehrten in der Geschichte Ostasiens war der »Konfuzianismus« nie etwas anderes als ein »Kulturkonfuzianismus«.

Es ist in diesem Zusammenhang auf einen bemerkenswerten Unterschied in der Geschichte der drei großen »Gedankenreligionen«[69] in Ostasien und in derjenigen der drei großen Offenbarungsreligionen im westlichen Teil der »Alten Welt« hinzuweisen. Die drei Offenbarungsreligionen begannen als genuin religiöse Glaubenslehren. Theologische Reflexionen führten dann mit der Zeit zu einer Anlehnung an philosophische Gedankengebäude, die man im eigenen Umfeld vorfand, und schließlich zu mehr und mehr rein philosophischen Konzeptionen der Glaubenslehren. In der Folge davon kam es zu einer Aufspaltung in orthodox-orthopraktische und liberale Strömungen innerhalb von Judentum, Christentum und Islam und innerhalb des Christentums seit geraumer Zeit zur gerade vorgestellten Unterscheidung zwischen Kirchenchristen und Kulturchristen. Die Kulturchristen pflegen weltanschauliche Überzeugungen und führen ein Leben, das jeder Mensch, der seine Vernunft zu gebrauchen weiß, mit ihnen teilen kann. Sie unterscheiden sich von anderen Agnostikern oder Nontheisten

69 Von Habermas (1981: 1.288) in Anlehnung an Max Weber benutzter Begriff.

allein dadurch, daß sie sich in ihren Überzeugungen und in ihrer Lebensführung von einer langen christlichen Tradition gefördert und geprägt glauben und zu ihr entsprechend ein Zugehörigkeitsgefühl pflegen.[70]

In den drei »Gedankenreligionen« *Rujia, Daojia* und *Buddhadharma/Fojia* (Konfuzianismus, Daoismus und Buddhismus) verlief die Entwicklung umgekehrt. Sie begannen als atheistische oder atheologische, d. h., positiv formuliert, als säkulare, weltliche, auf das »Dieseits« zentrierte Philosophien. Im Lauf der Zeit kam es unter ihren Anhängern zur Ausformung volksreligiöser Vorstellungen und Praktiken, meistens in Verbindung mit polytheistischen Volksreligionen in ihrem Umfeld.[71] Bei allen dreien kann man seither mehrere Stränge unterscheiden, rein philosophische, rein volksreligiöse und eine Vielzahl von Zwischen- und Mischformen. Terminologisch am gängigsten ist die Unterscheidung zwischen »daoistischer Philosophie« *(Daojia)* und »daoistischer Volksreligion« *(Daojiao).* Vor allem die buddhaitischen Philosophen haben zu den volksreligiösen Varianten der Lehre Buddhas ein durch und durch tolerantes Verhältnis. Man ist versucht, von einer hegelianischen Einstellung zu sprechen. Die volksreligiösen

70 Eine vielfach zitierte Formel der Religionssoziologin Grace Davie (Exeter), mit der sie die Befindlichkeit von Christen, die sich von ihrer Kirche distanziert haben, beschreibt, lautet »believing without belonging« (vgl. Taylor, 518 & 520). Für Kulturchristen, die sich ganz von den kirchlichen Dogmen losgesagt haben, aber sich doch weiterhin in ihren Welt- und Wertvorstellungen von der christlichen Tradition, in der sie aufgewachsen sind, geprägt fühlen und dies auch positiv zu schätzen wissen, ist die Umkehrung der Formel passender: »belonging without believing«.

71 Es gibt Historiker, nach denen die konfuzianische Lebenslehre aus einem archaischen Ahnenverehrungskult hervorgegangen ist. Kong Zi hat jedoch von den »theologischen« Vorstellungen hinter den überlieferten Ritualen entschieden Abstand genommen (Hansen, 1997: 26 & 33).

Riten und Mythen werden als entwicklungspsychologisch zu verstehende und pädagogisch zu beachtende Vorstufen interpretiert, über welche die Menschen schrittweise, den einzelnen Schulrichtungen, die (von einem chronologischen Standpunkt aus willkürlich) hierarchisch geordnet werden, folgend zur wahren Erkenntnis gelangen.[72]

Das zur Zeit in China neu erwachte Interesse an der konfuzianischen Philosophie ist verständlich. Es fällt heute leichter, sich mit ihr zu identifizieren, als vor hundert Jahren. Damals wurde die konfuzianische Lehre mit der Ideologie und der Wirklichkeit des altersstarren Kaiserreiches gleichgesetzt,[73] mit autoritärer Staatsführung, fehlenden Freiheitsräumen für die Mehrheit der Bevölkerung, erstickter Mobilität zwischen den sozialen Schichten, verbotenen Kontakten mit anderen Kulturen und einem Wust an Normen und Ritualen, die anders als in früheren Zeiten,[74] nicht mehr den gewandelten Lebensbedingungen angepaßt wurden und das Gegenteil von

72 Kukai (9. Jh.), zitiert nach *Sources of Japanese Tradition* I, 2001: 155: »Die ewige Wahrheit übersteigt die Farben, aber nur mit Hilfe von Farben kann sie verstanden werden.« Kukai unterscheidet zehn Stufen der Bewußtwerdung. Auf der zweiten wird die konfuzianische Morallehre plaziert und auf der dritten die brahmanische und die daoitische Hoffnung auf eine Wiedergeburt im Himmel. Seine eigene esoterische Lehrrichtung *(Shingon)* besetzt die zehnte und höchste Stufe (ebd. 169 f.) Vgl. dazu auch Wagner, 2007: 230 f.

73 In vergleichbarer Weise wurden in Europa die katholische Kirche zur Zeit der Französischen Religion mit dem *Ancien Régime* und der Islam von den Jungtürken im frühen zwanzigsten Jahrhundert mit dem altersschwachen Osmanischen Reich liiert und für deren Versagen mitverantwortlich gesehen. Sie hatten entsprechend in ähnlicher Weise ihre Überzeugungskraft verloren.

74 Vgl. z. B. die Reform der Totenriten durch die Neokonfuzianer Cheng Yi und Zhu Xi im 11. und 12. Jahrhundert, die ausdrücklich den gewandelten Verhältnissen zu ihrer Zeit Rechnung tragen (vgl. Ebrey, 1991).

dem bewirkten, was mit den Regeln der Lebensführung von Kong Zi beabsichtigt war. Es ist keine Überraschung, daß sich chinesische Intellektuelle nach dem Sturz des Kaiserreiches zur Neuorientierung nicht nur bei »westlichen« Philosophen umsahen, sondern sich auch wieder der buddhaitischen Denktradition im eigenen Land zuwandten. Heute ist die Erinnerung an die letzte Kaiserdynastie und ihre Assoziation mit der konfuzianischen Moral- und Staatslehre verblaßt. Sie wirkt bei Chinesen wie bei Nichtchinesen einer erneuten Annäherung und Identifikation mit der konfuzianischen Philosophie nicht mehr entgegen.

Man kann sich mit keiner komplexen kulturellen Tradition schlicht identifizieren. Entweder sieht man über ganze Passagen ihrer Geschichte hinweg, oder man erklärt diese mit den menschlichen Schwächen ihrer Vertreter oder mit den wirtschaftlichen und gesellschaftlichen Bedingungen früherer Zeiten und klammert sie aus. Die Aufklärungstraditionen sind keine Ausnahmen, weder die alte ostasiatische noch die junge europäische. Ebensowenig kann man sich mit einer der »großen Religionen« umstandslos identifizieren. Man liest entweder über ganze Passagen ihrer kanonischen Schriften hinweg oder deutet sie um, oder aber man distanziert sich mit dem Verweis auf ihre geschichtliche Bedingtheit einfach von ihnen. In der Regel finden sich auch interne Gründe, um sie anders zu interpretieren oder auf Abstand zu gehen. Die anstößigen Stellen vertragen sich nicht mit anderen grundsätzlichen Lehren desselben Textkorpus.[75] In dieser Hinsicht gibt es keinen Unterschied zwischen den europäisch-amerikanischen und den asiatischen Zivilreligionen.

75 Klassisches christliches und islamisches Beispiel: Hölle und barmherziger Gott.

Literatur

Aristoteles, um -335, *Politika*.

Bhargava, Rajeev, ed., 1998, *Secularism and Its Critics*, New Delhi: Oxford UP.

Böckenförde, Ernst-Wolfgang, 1967, »Die Entstehung des Staates als Vorgang der Säkularisation«; zitiert nach dem Reprint in: *Recht, Staat, Freiheit: Studien zur Rechtsphilosophie, Staatstheorie und Verfassungsgeschichte*, Erweiterte Ausgabe, Frankfurt am Main: Suhrkamp, 2006: 92-114.

−, 1995, »Von welchen Ressourcen leben wir?«, in: *Neue Zürcher Zeitung*, 20./21. Mai, Nr. 116: 66.

−, 2007, »Wie können die Religionen friedlich und frei beisammen leben?«, in: *Neue Zürcher Zeitung*, 23./24. Juni, Nr. 143: B 1−2.

Buddha, Siddhattha Gotama/Siddhârtha Gautama, -5. bis -4. Jh. (?), *Suttani/Sûtrani* (»Lehrreden«); zitiert nach Zotz, 1991.

Cheung Chan-fai & Wan Po-san, 2006, »The Conception of Happiness in Hong Kong: A Social Survey«, Manuskript; chinesischsprachige Publikation in: *Trends and Challenges of Social Development: The Experiences of Hong Kong and Taiwan, ed. by Siu-kai Lau et al.*, Hong Kong Institute of Asia-Pacific Studies, The Chinese University of Hong Kong, 115-137.

Dähler, Richard, 2007, Die japanischen und die deutschen Kriegsgefangenen in der Sowjetunion: Vergleich von Erlebnisberichten, Wien: LIT.

Darwin, Charles, 1871, *The Descent of Man*, London: John Murray; zitiert nach *The Works of Charles Darwin*, Volume 21, New York UP, 1989.

Ebrey, Patricia Buckley, 1991, *Confucianism and Family Rituals in Imperial China*, Princeton UP.

Encyclopédie, ou Dictionnaire raisonné des sciences, des arts et des métiers, éd. par Denis Diderot et Jean le Rond d'Alembert, Paris, 1751−72; zitiert nach http://fr.wikisource.org/wiki/Encyclopédie,_ ou_Dictionnaire_raisonné_des_sciences,_des_arts_et_des_métiers.

Gernet, Jacques, 1979, *Die chinesische Welt,* Frankfurt am Main: Insel; überarbeitete deutsche Fassung von *Le Monde chinois,* Paris: Colin, 1972.

Gibbon, Edward, 1776, *The Decline and Fall of the Roman Empire,* Volume I, London: Strahan & Cadell; zitiert nach dem Reprint: New York: The Modern Library, 1932.

Habermas, Jürgen, 1981, *Theorie des kommunikativen Handelns,* Frankfurt am Main: Suhrkamp.

–, 2001a, »Glauben und Wissen«, Dankesrede zur Verleihung des Friedenspreises des Börsenvereins des Deutschen Buchhandels in der Frankfurter Paulskirche, 14. Oktober 2001: Glasnost-Archiv: http://www.glasnost.de/docs01/011014habermas.html; Quelle: Börsenverein des Deutschen Buchhandels

–, 2001b, *Glauben und Wissen* [redigierte Fassung von 2001a], Frankfurt am Main: Suhrkamp.

–, 2001c, *Zeit der Übergänge: Kleine politische Schriften,* Band IX, ebenda.

–, 2004a, »Vorpolitische moralische Grundlagen eines freiheitlichen Staates«, in: *zur debatte: Themen der Katholischen Akademie in Bayern* 34, 2004, Heft 1 (Dokumentation der Diskussion zwischen Jürgen Habermas und Joseph Kardinal Ratzinger), 2–4.

–, 2004b, *Der gespaltene Westen,* Frankfurt am Main: Suhrkamp.

–, 2007, »Ein Bewußtsein von dem, was fehlt: Über Glauben und Wissen und den Defaitismus der modernen Vernunft«, in: *Neue Zürcher Zeitung,* 10. Februar 2007; online: http://www.nzz.ch/2007/02/10/li/articleEVB7X.html.

Hansen, Chad, 1997, »Chinese Confucianism and Daoism«, in: *A Companion to Philosophy of Religion,* ed. by Philip L. Quinan & Charles Taliaferro, Oxford: Blackwell, 25–33.

Holenstein, Elmar, 1987, »Koevolutionäre Erkenntnistheorie«, in: *Transzendentale oder evolutionäre Erkenntnistheorie?* hg. von Wilhelm Lütterfelds, Darmstadt: Wissenschaftliche Buchgesellschaft, 307–333.

–, 1994, »Prospects of Naturalization in Psychology and Epistemology« (1989), in: *Gestalt Psychology: Its Origins, Foundations and Influence*, ed. by Stefano Poggi, Firenze: Olschki, 153–174; gekürzte deutsche Fassung: »Naturalisierungsaussichten in Psychologie und Epistemologie«, in: *Zeitschrift für philosophische Forschung* 45, 1991: 329–346.

–, 1998, »Vorstaatliche Voraussetzungen des Verfassungsstaates«, in: *Zeitschrift für Schweizerisches Recht* 139: 119–134.

–, 2004, Philosophie-Atlas, Zürich: Ammann.

–, 2005, »Natural Ethics: Legitimate Naturalism in Ethics«, in: *Phenomenology 2005*, Volume 1: *Selected Essays from Asia*, ed. by Cheung Chan-Fai & Yu Chung-Chi, Part 1, Bucharest: Zeta Books, paperback & electronic, 2007: 133–150.

–, 2007, »Philosophie außerhalb Europas«, in: *Orthafte Ortlosigkeit der Philosophie: Festschrift für Ram Adhar Mall*, hg. von Hamid Reza Yousefi *et al.*, Nordhausen: Bautz, 2007: 65–77.

Huxley, Thomas Henry, 1893, »Evolution and Ethics: The Romanes Lecture (University of Oxford); zitiert nach dem Reprint in *Evolution and Ethics / Science and Morals*, Amherst, NY: Prometheus, 2004: 46–116.

Jullien, François, 1995, *Fonder la morale: Dialogue de Mencius avec un philosophe des Lumières*, Paris: Grasset.

Kaempfer, Engelbert, 1777, *Geschichte und Beschreibung von Japan*, aus den Originalhandschriften des Verfassers hg. von Christian Wilhelm Dohm, erster Band, Lemgo: Meyersche Buchhandlung; ein halbes Jahrhundert früher erschienene englische Übersetzung: *The History of Japan*, translated from his Original Manuscript, never before printed, by J. G. Scheuchzer, London, 1727.

Kant, Immanuel, 1788, *Kritik der praktischen Vernunft*, Riga: Hartknoch; zitiert nach *Kants Werke: Akademie-Textausgabe*, Band V, Berlin: de Gruyter, 1968.

–, 1797, *Metaphysik der Sitten*, Königsberg: Nicolovius; zitiert nach *Kants Werke: Akademie-Textausgabe*, Band VI, ebenda.

Kepel, Gilles, 1991, *La Revanche de Dieu: Chrétiens, juifs et musulmans à la reconquête du monde*, Paris: Seuil.

Kong Zi (Konfuzius), -6. bis -5. Jh., *Lunyu* (»Analecta«/»Gespräche«); Textredaktion -4. bis -2. Jahrhundert.

Kukai, 9. Jh., Textauswahl, zitiert nach *Sources of Japanese Tradition* I, New York, ed. by Wm. Theodore de Bary et al., New York: Columbia UP, 2001: 153–174.

Lao Zi, -6. bis -5. Jh., *Dao De Jing* (»Klassiker des Wegs und der Tugend«); Textredaktion -4. bis -3. Jahrhundert.

Ling, Samuel, 2001, »Why We Should Care about China's ›Cultural Christians?‹«, in: *China Horizon,* February 20, 2001; online: http://www.strategicnetwork.org/index.php?loc=kb&view=v& id=3945.

Meng Zi (Menzius), um -300, Buch *Mengzi;* zitiert nach *Sources of Chinese Tradition* I, 1999, und Jullien, 1995.

Mo Zi (Mizius), -5. Jh., Buch *Mozi,* Textredaktion -4. bis -3. Jh.; deutsche Übersetzung: Mo Ti, *Von der Liebe des Himmels zu den Menschen,* übersetzt von Helwig Schmidt-Glintzer, München: Diedrichs, 1992.

Mühlemann, Guido, 2006, *Chinas Experimente mit westlichen Staatsideen,* Zürich: Schulthess.

Nucci, Larry, & John Lee, 1993, »Morality and Personal Autonomy«, in: *The Moral Self,* ed. by Gil G. Noam & Thomas E. Wren, Cambridge, MA: MIT Press, 123–148.

Obama, Barack, 2006, »›Call to Renewal‹ Keynote Address« [on the connection between religion and politics], Washington, D.C., June 28, 2006; *online:* http://obama.senate.gov/speech/060628-call_to_renewal/.

People's Daily, 2006, »Buddhism ›contributes to a harmonious society‹«, in: *People's Daily Online,* Beijing, April 11, http://english. peopledaily.com.cn/200604/11/eng20060411_257467.html.

Platon, -4. Jh., *Apologia Sokratous* (»Verteidigungsrede des Sokrates«) [Athen].

Ricœur, Paul, 1965, »Demythiser l'accusation« (1965), in: *Le conflit des interprétations,* Seuil, Paris 1969: 330–347; deutsch: »Die Anklage entmythisieren«, in: *Hermeneutik und Psychoanalyse,* München: Kösel, 1974: 217–238.

97

Roetz, Heiner, 1992, *Die chinesische Ethik der Achsenzeit,* Frankfurt am Main: Suhrkamp.

Rousseau, Jean-Jacques, 1762, *Du contrat social,* Amsterdam: Rey; zitiert nach *Œuvres complètes,* Volume III, Paris: Gallimard (Bibliothèque de la Pléiade), 1964.

Schneider, Ulrich, 1978, *Die großen Felsen-Edikte As[h]okas,* Wiesbaden: Harrassowitz.

Sen, Amartya, 2005, *The Argumentative Indian,* New York: Farrar, Straus and Giroux.

Sources of Chinese Tradition, Second Edition, 1999, Volume I: From Earliest Times to 1600, ed. by Wm. Theodore de Bary & Richard Lufrano, New York: Columbia UP.

Taylor, Charles, 2007, *A Secular Age, Cambridge,* MA: Harvard UP.

Tu Weiming, 1999, »The Quest for Meaning: Religion in the People's Republic of China«, in: *The Desecularization of the World,* ed. by Peter L. Berger, Washington, D.C.: Ethics and Pubic Policy Center, 85–101.

Türcke, Christoph, 2006, »Über alle menschlichen Kräfte. Eine Antwort auf die Frage: Was ist eine gute Religion?«, in: *Neue Zürcher Zeitung,* 12. April.

Wagner, Rudolf G., 2007, »Säkularisierung: Konfuzianismus und Buddhismus«, in: *Säkularisierung und die Weltreligionen,* hg. von Hans Joas & Klaus Wiegandt, Frankfurt am Main: Fischer, 224–252.

Xun Zi, -3. Jh., Buch *Xunzi;* zitiert nach Roetz, 1992, und *Sources of Chinese Tradition* I, 1999.

Zakaria, Fareed, 2008, »Obama Abroad«, in: *Newsweek,* July 27; zitiert nach der Online Edition: http://www.newsweek.com/id/147763, published July 19.

Žižek, Slavoj, 2006, »Faith and Fairness«, in: *International Herald Tribune* (Editorials and Commentary), March 14.

Zotz, Volker, 1991, *Buddha,* Reinbek bei Hamburg: Rowohlt.

CHINESISCHES IN EUROPÄISCHEN ALPHABETSCHRIFTEN

Ein Versuch in vergleichender Schriftgeschichte

> [C']est un système complexe, une écriture
> tout-à-la-fois figurative, symbolique et phonétique,
> dans un même texte, une même phrase,
> je dirais presque dans un même mot.
>
> Jean-François Champollion (1824)[1]

Eine bewährte Forschungsmaxime der vergleichenden Sprachwissenschaft besagt: Wenn ein Verfahren in einer Sprache stark ausgeprägt ist, kann man davon ausgehen, daß dasselbe Verfahren mindestens ansatzweise auch in vielen anderen, wenn nicht gar in nahezu allen Sprachen zu finden ist.[2] Die Maxime läßt sich ohne weiteres auf die anderen Kulturwissenschaften übertragen: Was in einer menschlichen Kultur besonders ausgeprägt vorkommt, läßt sich mit großer Wahrscheinlichkeit

---

1 Champollions berühmtester Satz aus seinem *Précis du système hiéroglyphique des anciens Égyptiens* ([1]1824: 327; [2]1828: 375) bezieht sich auf die altägyptische Schrift. Der Satz gilt genauso für die chinesische Schrift, deren Mischcharakter Champollion als Schlüssel zur Entzifferung der ägyptischen Hieroglyphen diente (mehr dazu im Abschnitt »Phonographie in der chinesischen Schrift«), sowie für alle Schriftsysteme, die über einen längeren Zeitraum entwickelt worden sind.

2 Die Maxime stammt von Kenneth Lee Pike, einem polyglotten Sprachwissenschaftler. Ich hörte sie von ihm an einer von Hansjakob Sei-

mindestens in einem gewissen Ausmaß (und, wie man hinzu-
fügen kann, in aufschlußreicher Weise) auch in vielen anderen, wenn nicht gar in nahezu allen menschlichen Kulturen
finden.[3] Ein besonders griffiges Schulbeispiel für diese Maxime sind Verfahren, die als typisch für die chinesische Schrift
ausgegeben werden. Noch immer wird die auf Leibniz zurück-
gehende Auffassung herumgeboten, daß die chinesische Schrift
eine »Ideenschrift« ist, die sich ihrer Art nach radikal von
den alphabetischen »Lautschriften« unterscheidet.[4] Nicht nur
schriftwissenschaftlich, sondern humanwissenschaftlich insgesamt bedenklich wird diese Ansicht, wenn sie in Anlehnung
an Wilhelm von Humboldts These des sprachlichen Determinismus[5] mit der Ansicht verbunden wird, daß die einander
diametral entgegengesetzten Schriftarten auch mit gegensätz-
lichen Denkarten oder gar unterschiedlichen kognitiven Fähigkeiten einhergehen.[6]

Sämtliche traditionelle Schriften sind, wenn auch in unterschiedlichem Grad und in unterschiedlichen Hinsichten,

ler einberufenen Tagung über sprachliche Universalien in Gummersbach
bei Köln 1976. Pike, der die Grammatik und den Wortschatz mehrerer
Sprachen erstmals linguistisch erschlossen hatte, hielt sich an sie, wenn er
sich an die Entschlüsselung von schriftlosen Sprachen machte, für die er
über keine Informationen in einer ihm bekannten Sprache verfügte.

3 Vgl. Holenstein, 1985: 133 ff.

4 Stetter, 1997: 47 & 49: »Alphabet und Han ze [Hanzi], das System
der Buchstabenschrift und das der chinesischen Zeichen, erweisen sich,
von welcher Seite man sie auch immer betrachtet, als Opponenten.« –
»Zweifellos sind die Kodierungsweisen beider Schrifttypen, des Alphabets und der Han ze, grundsätzlich verschieden voneinander.«

5 Humboldt selbst dehnt seine These des sprachlichen Determinismus
nicht ohne eine wohlüberlegte starke Einschränkung auf die Schrift aus.
Dazu mehr im Abschnitt »Schrift – Sprache – Ideen – Sachen«.

6 Vgl. Stetter, 1997: 12 ff.; Kwan, 2001; Wenzel, 2007. Vertreter solcher Ansichten übersehen leicht zweierlei, (a) daß die gleichen Verfah-

Mischformen. So ist die chinesische Schrift eine Wortsilbenschrift mit semantischen und phonographischen Zeichen und Zeichenkomponenten. Einer Gruppe ihrer Zeichen und Zeichenkomponenten läßt sich die Bedeutung eines Wortes ablesen, einer anderen dessen Aussprache. Die Verfahren, die für die chinesische Schrift in auffälliger Weise konstitutiv sind, lassen sich alle mehr oder weniger ausgeprägt auch in alphabetischen Schriften finden.

Bei der Aufarbeitung der Entsprechungen zur chinesischen Schrift in der Schreibung der deutschen Sprache stellte sich heraus, daß es sich in der Mehrzahl der Fälle um Verfahren handelt, die nach der Auffassung der radikaleren Vertreter der jüngsten Rechtschreibreform ohne Rücksicht auf ihre semantische Funktion eliminiert werden sollten. So kam es, daß sich die folgenden Ausführungen unter der Hand, ohne daß dies geplant war und selbstverständlich nur nebenbei, zu einem Plädoyer für interkulturell-interlingual (genauer gesagt: »interskriptural«) umsichtige Rechtschreibreformen (umsichtig über Europa hinaus) entwickelten.

ren, die in prototypischer Weise für ein Schriftsystem konstitutiv sind, als Gestaltfaktoren auch in anderen Schriftsystemen wirksam sind, und (b) daß dieselben Intelligenzleistungen mit verschiedenen Mitteln erbracht werden können. Mit dem ersten Punkt befassen sich die folgenden Ausführungen, zum zweiten Punkt siehe Holenstein, 2008: 353 ff. – Kwan gebraucht im zitierten Aufsatz dreizehnmal den Ausdruck »Chinese mind« (und einmal »Chinese intellect«, siehe das Zitat in Anmerkung 34). Humboldt sprach mit vielfach variierender Wortwahl von den »Sprachanlagen der Nationen«. In einem solchen Kontext schreibt er auch, daß »der Geist« gleichartig auf Sprache und Schrift wirke (5.37), und sieht einen engen Zusammenhang zwischen der ägyptischen Hieroglyphenschrift und dem »ganzen Geist der [ägyptischen] Nation« (5.70). – Humboldt wird in diesem Aufsatz nach der Akademie-Ausgabe seiner Schriften, Berlin 1903–36, ohne Jahreszahl, nur mit der Angabe des Bandes und der Seiten zitiert. Die Entstehungszeiten der Texte sind der Bibliographie am Schluß des Bandes zu entnehmen.

Eines der Anliegen der gegenwärtigen Kulturwissenschaften ist die Überwindung vereinfachender Zweiteilungen wie »asiatisch und europäisch«, »östlich und westlich«, »traditionell und modern«, »kommunitaristisch und individualistisch«, »intuitiv und rational«, »feminin und maskulin« und dergleichen mehr. »Overcoming dichotomies« und »deconstructing binaries« lauten die Losungen. Die Schriften, die von den Menschen im Lauf der Zeit geschaffen worden sind, bieten sich als ein im wörtlichen Sinn anschauliches Illustrationsmaterial dafür an, daß eine Zweiteilung der Kulturen, der europäischen auf der einen Seite des Erdballs und der chinesischen auf der anderen Seite, schlicht unhaltbar ist.

Terminologische Vorabklärungen

(Wer über elementare sprachwissenschaftliche und/oder schriftgeschichtliche Kenntnisse verfügt, kann diesen Abschnitt selbstverständlich überspringen.)

Eine vergleichende Erörterung von Schriftsystemen wird vereinfacht, wenn es erlaubt ist, eine Reihe von Fachausdrücken zu gebrauchen, die im Verlauf der Schriftstudien des vergangenen Jahrhunderts aufgekommen sind. Hilfreich ist vor allem die Kenntnis der folgenden kursiv gesetzten Fachausdrücke.

Eine *Schrift* ist ein (in prototypischen Fällen) visuelles Zeichensystem, dessen kleinste selbständige Einheiten *(basic building blocks)*, *Schriftzeichen*, traditionell *Charaktere*[7] und neuer-

---

7 *Charakter* ist in manchen Sprachen noch immer die geläufigste Bezeichnung für die chinesischen Schriftzeichen (chinesisch: *hanzi*, koreanisch *hanja*, japanisch *kanji*). *Hieroglyphe* (»Heilige Eingrabung«, »Heiliges Schriftzeichen«) ist der traditionelle Ausdruck für die altägyptischen

dings *Grapheme* genannt, für Wörter und/oder Bestandteile von Wörtern (Morpheme, Silben, Einzellaute) einer Sprache stehen.[8] Schriftzeichen sind entsprechend Zeichen von Zeichen. Sie bezeichnen sprachliche Zeichen, die ihrerseits reale (wahrnehmbare) oder ideale (denkbare) Gegebenheiten (Sachen und Sachverhalte, Lebewesen, Gegenstände, Zustände, Geschehnisse, Handlungen und deren Eigenschaften) bezeichnen.[9] Eine vollständige Schrift liegt dann vor, wenn alles, was in einer Lautsprache mitgeteilt werden kann, mit visuellen Zeichen wiedergegeben werden kann. Je nach der sprachlichen Einheit, auf die sich ein Graphem bezieht, spricht man von *Logo-, Morpho-, Phono-, Syllabogramm* etc. und adjektivisch von *logo-, morpho-, phono-, syllabographischen* usw. Zeichen.[10]

Die meisten frühen Schriftzeichen sind aus *Piktogrammen* und *Ideogrammen* hervorgegangen.[11]

Schriftzeichen und *Buchstabe* derjenige für die Grundeinheiten der alphabetischen Schriften. – »Ein Zeichen steht für etwas« ist die traditionelle Ausdruckweise für »Ein Zeichen repräsentiert etwas«.

8 Humboldt, 5.34: »Unter Schrift im engsten Sinne kann man nur Zeichen verstehen, welche bestimmte Wörter in bestimmter Folge andeuten. Nur eine solche kann wirklich gelesen werden.«

9 Klassische Stellen für diese heute unter Sprachwissenschaftlern (anders als unter Philosophen) allgemein anerkannte These sind zu finden bei Humboldt, a.a.O., und Saussure, 1916: Introduction, Chapitre VI, § 2 und (mit ausdrücklichem Verweis auf die chinesische Schrift) § 3.

10 Anstelle von *grapheme* und (in zusammengesetzten Wörtern) *-gram* ist in der englischsprachigen Literatur auch *graph* geläufig, also *logograph* und *phonograph* etc. statt *logogram* und *phonogram* etc. Da die auf *-graph* endenden Wörter sich in der Regel auf Personen oder Apparate beziehen (vgl. *Photograph* und *Phonograph*) ist die im Deutschen übliche Schreibweise wohl vorzuziehen.

11 Abstrakte Zeichen scheinen jedoch so alt zu sein wie konkrete Piktogramme. Gruppierungen von abstrakten Zeichen lassen sich zusammen mit den Höhlenmalereien bis in die Steinzeit zurückverfolgen. Vgl. Marshack, 1972.

Ein *Piktogramm* ist ein Zeichen, das eine sichtbare Gegebenheit (meistens schematisiert oder skizzenhaft) abbildet.[12] Kennzeichnend für ein *piktographisches* Zeichen ist eine Ähnlichkeitsbeziehung zwischen der Gestalt des Zeichens und der Gestalt des Bezeichneten. Das chinesische Schriftzeichen für das Wort für Baum (chinesisch: *mu,* japanisch: *ki*) besteht in einer Baumskizze, gezeichnet mit vier Pinselstrichen.

Ein *Ideogramm* ist ein Zeichen, das für eine Idee steht. Eine Idee ist nicht wie ein Ding sinnlich sichtbar und entsprechend auch nicht im eigentlichen Sinn abbildbar. Sie kann mit einer abstrakten Figur (Beispiel: unsere indoarabischen Ziffern) oder aber *sinnbildlich* oder *symbolisch* mittels eines Piktogramms oder einer Kombination von Piktogrammen wiedergegeben werden. In der Regel ist dabei vom Kontext her klar, daß das Zeichen nicht im eigentlichen Sinn für das steht, was mit ihm bildhaft dargestellt wird, sondern in einem übertragenen Sinn für eine nicht sinnlich wahrnehmbare Idee. Exemplarische Schriftzeichen, die einen ideographischen Charakter haben, sind die chinesischen Schriftzeichen, die für die Wörter für Osten (chinesisch: *dong,* japanisch: *to* und *higashi*) und Frieden (chinesisch und japanisch: *an)* stehen. Das Schriftzeichen für das Wort für Osten ist eine Verbindung der Schriftzeichen für

12 Champollion (1824: 273 ff.) ersetzte die seit den hellenischen Beschreibungen der ägyptischen Hieroglyphen übliche Bezeichung der Piktogramme als »kyriologische Charaktere« (d. h. in ihrer »eigentlichen Bedeutung« gebrauchte Zeichen) durch *caractères figuratifs.* In diesem Sinn ist das Adjektiv *figurative* im Epitaph dieses Aufsatzes zu verstehen und nicht im Sinn von *übertragen* wie im Ausdruck »figürliche Rede«. Die traditionelle deutsche Bezeichnung für piktographische Schriften oder *Piktographien* ist *Bilderschrift.* Im Französischen spricht man im Anschluß an Champollion von *écriture figurative.* (Humboldts Begriff »Figurenschrift« in 5.51, 77 & 111 deckt sich nicht mit Champollions Gebrauch des Adjektivs *figuratif.)*

die Wörter für Baum und Sonne. Es zeigt skizzenhaft eine Sonne hinter einem Baum (aufgehend). Das Schriftzeichen für das Wort für Frieden, manchen bekannt als mittleres Zeichen von *Tiananmen* (»Himmelsfriedenstor«), zeigt eine (kaum mehr als solche erkennbare) kniende Frau mit gekreuzten Armen unter einem Dach. Nach der traditionellen Deutung ist eine sich um den Haushalt kümmernde Frau eine Garantie für den Hausfrieden und damit ein Symbol für Frieden.[13]

Soweit die piktorale Gestalt und die Sinnbildfunktion von Schriftzeichen noch immer (mit oder ohne Hinweis auf ihre Entstehungsgeschichte) erkennbar sind, ist es durchaus legitim, diese Schriftzeichen weiterhin, wie in der Vergangenheit üblich, als Piktogramme bzw. Ideogramme zu bezeichnen. Man kommt in der Literatur jedoch zunehmend davon ab, weil mit diesen traditionellen Bezeichnungen unter Nichtfachleuten die ebenfalls traditionelle Auffassung verbunden wird, daß solche Schriftzeichen unmittelbar die Gegebenheiten bezeichnen, mit denen sie eine Gestaltähnlichkeit teilen oder als Sinnbilder assoziiert werden. In Wirklichkeit fungieren sie wie alle anderen Schriftzeichen als Zeichen von sprachlichen Zeichen und sind nur mittelbar über diese auf die Gegebenheiten bezogen, denen sie gleichen oder auf die sie symbolisch bezogen werden können.

Wenn es in einem bestimmten Kontext darauf ankommt, auf den ursprünglich piktographischen oder ideographischen Gebrauch und die andauernde piktorale Gestalt von Schriftzeichen zu verweisen, mag es zur Vermeidung der immer noch häufigen Mißverständnisse vorteilhaft sein, von der *bildhaften, piktoralen, figürlichen* oder, mit Charles Sanders Peirces Begriff-

---

13 Zur umstrittenen Deutung dieses Schriftzeichens mehr im Abschnitt »Phonographie in der chinesischen Schrift«.

lichkeit, der *ikonischen* und *diagrammatischen* Gestalt der Schriftzeichen zu sprechen. *Ikonisch* ist ein semiotischer Fachausdruck
für ein bildförmiges Zeichen. *Diagrammatisch* wird ein ab-
straktes Zeichen genannt, von dem das Beziehungsnetz zwischen den Teilen der bezeichneten Gegebenheit wiedergegeben wird.[14]

Eine *Ideenschrift* oder *Ideographie* ist ein Zeichensystem, das
ausschließlich aus *Ideogrammen* besteht. Im Deutschen ist im
19. Jahrhundert *Begriffsschrift* als Übersetzung von *Ideographie*
aufgekommen. Heute versteht man unter *Begriffschrift* im Anschluß an Freges gleichnamigen logischen Klassiker von 1979
ausschließlich eine Schrift für eine formalisierte Sprache, deren überwiegend künstliche, nicht von einer traditionellen
Schrift übernommene Zeichen für Begriffe und mathematische Operationen stehen. Mathematische Logiker vermeiden
den »mentalistischen« Begriff *Idee* (definiert als eine bewußte
Vorstellung) und gebrauchen an seiner Stelle den logisch definierten Begriff *Begriff.* Dieser wird durch die Rolle definiert,
die er in logischen Operationen spielt. Im Prinzip kann jedes
Schriftzeichen ohne die mentalen Vorstellungen, die wir mit
ihm spontan verbinden, operational definiert werden.[15] Auch
in der Schriftliteratur werden die beiden Begriffe *Idee* und
Ideographie heute gemieden, jedoch nicht nur aus »antimenta-
listischen« Gründen, sondern (a) weil die Schriftzeichen sich
auf Bestandteile der Sprache (Wörter, Morpheme, Laute und
Lautverbindungen) beziehen und nicht auf mentale Phä-
nomene und (b) weil es keine Ideenschrift und erst recht keine
Begriffsschrift in Freges Sinn »einer der arithmetischen nach-

14 Champollion (1824: 278) gebraucht für sie die Bezeichnungen *caractères figuratifs propres* und *caractères figuratifs abrégés.*
15 Ihr Gebrauch dürfte jedoch nicht ohne bewußte (und unbewußte)
mentale Vorstellungen erklärbar sein. Vgl. Holenstein, 1988.

gebildete Formelsprache des reinen Denkens«[16] gibt, in der alles, was gedacht und sprachlich geäußert werden kann, wiedergegeben werden kann.[17] Statt von *Ideen* spricht man in den Sprach- und Schriftwissenschaften von *Bedeutungen* und statt von *Ideographie* von *Logo-* und *Morphographie*.

Eine *logographische Schrift* oder *Wortschrift* ist eine Schrift, die ausschließlich Zeichen für Wörter *(Logogramme)* hat. Keine der geschichtlich gewachsenen Schriften ist eine rein logographische Schrift. In allen traditionellen Schriften, in denen Logogramme den Grundstock bilden, finden sich Zeichen, die für Laute, ganze Silben oder Einzellaute, stehen. Im übrigen gibt es nicht nur selbständige Schriftzeichen, die, weil sie für Wörter stehen, logographisch genannt werden, sondern auch Schreibregeln, Schreibverfahren und Aspekte von Schriftzeichen (z. B. groß geschriebene Buchstaben), die als logographische Regeln und Aspekte zu bezeichnen sind. Es sind dies Schreibregeln, Schreibverfahren und Aspekte von Schriftzeichen, deren Funktion darin besteht, anzuzeigen, mit welcher Bedeutung ein (z. B. mehrdeutiges) Wort zu verstehen ist, oder darin, eine bestimmte Wortkategorie (z. B. Eigennamen) als solche kenntlich zu machen.[18] *Heterographie* (»verschiedene

---

16 So der Untertitel seiner *Begriffsschrift*.

17 Humboldt, 5.112 f.: »Es hat [...] nie eine Begriffsschrift gegeben, und kann keine geben, die rein nach Begriffen gebildet wäre, und auf die nicht die in bestimmte Laute gefaßten Wörter der Sprache, für welche sie erfunden wurde, den hauptsächlichsten Einfluß ausgeübt hätten. [...] Das Bemühen, sich von einer bestimmten Sprache unabhängig zu machen, muß, da das Denken ohne Sprache unmöglich ist, nachteilig und verödend auf den Geist auswirken. Eine Begriffsschrift übt diese Nachteile nur insofern nicht in dem hier geschilderten Grade aus, als ihr System nicht konsequent durchgeführt ist, und als sie im Gebrauch phonetisch aufgenommen wird.«

18 Konkreteres dazu im Abschnitt »Logographie in Alphabetschriften«.

Schreibung«) ist ein logographisch zu nennendes Verfahren, wenn es zur *Disambiguierung* (Aufhebung von Zwei- oder Mehrdeutigkeit) *homophoner* (»gleichlautender«) Wörter gebraucht wird.

Eine *Morphogramm* (abgekürzt für *Morphemogramm*) ist ein Schriftzeichen, das für ein Morphem steht. Ein *Morphem* ist die kleinste sprachliche Einheit, die eine Bedeutung hat. Ein Morphem kann ein ganzes Wort (z. B. *Schrift*) oder auch nur ein Wortbestandteil (z. B. die Pluralendung *-en* im Wort *Schriften*) sein.

Ein *Phraseogramm* ist ein Schriftzeichen, das für eine Phrase steht. Eine *Phrase* ist eine relativ in sich geschlossene syntaktische Einheit innerhalb eines Satzes, in der Regel bestehend aus mehreren zusammengehörigen (und nur zusammen innerhalb des Satzes verschiebbaren) Wörtern (Beispiel: *mit anderen Worten*).

Die zwei Haupttypen von *Lautschriften* oder *Phonographien* sind die Silben- und *Alphabetschriften*.

Eine *Silbenschrift, syllabische Schrift* oder *Syllabographie* besteht aus Schriftzeichen, *Syllabogramme* genannt, die für Silben stehen. Eine Silbe ist ein fließend für sich artikulierbarer Wortbestandteil, der lautlich (phonisch) und nicht semantisch (mit Bezug auf seine Bedeutung) definiert ist. Als prototypische Beispiele für Silbenschriften gelten heute die aus der chinesischen Wortsilbenschrift hervorgegangenen japanischen *Kana*-Schriften.

Eine *Wortsilbenschrift* oder *logosyllabische Schrift* ist eine *semantisch-phonographische Schrift,* deren Zeichen für Wörter oder Morpheme und Silben stehen und nicht wie Piktogramme für sichtbare Dinge und Vorkommnisse oder wie Ideogramme für mentale Vorstellungen. Die heute exemplarische logosyllabische ist die chinesische Schrift.

In einer *semantisch-phonographischen* Schrift können sich die Schriftzeichen und/oder die Bestandteile der Schriftzeichen sowohl auf die Bedeutung als auch auf die Lautgestalt der sprachlichen Einheiten (Wörter, Morpheme, Silben, Laute) beziehen. Von einem sprachwissenschaftlichen Standpunkt aus ist es angemessener, von *phonographischen* (oder *phonophorischen,* d. h. lauttragenden) Zeichen und Zeichenelementen zu sprechen als von von *phonetischen* oder *phonischen* Elementen. *Phonisch* und *phonetisch* sind ihrem eigentlichen Wortsinn (»lautlich«) nach Eigenschaften von gesprochener und nicht von visueller Sprache.

Eine *Alphabet-, Buchstaben-* oder *Einzellautschrift* ist eine Schrift, deren elementare Zeichen, *Buchstaben* genannt, sich in der Regel auf einzelne Laute einer gesprochenen Sprache beziehen. In Wirklichkeit gibt es in vielen Alphabeten Buchstaben, die sich auf zwei zusammen ausgesprochene Laute beziehen, z. B. *x* in *Alexander* (in kyrillischer Schrift mit zwei Buchstaben geschrieben: *Aleksandr*), und umgekehrt Verbindungen von zwei oder mehr Buchstaben (*Digraphe, Trigraphe* etc. genannt), die nur für einen Laut stehen, z. B. *ph* in *Alphabet* und *Sch* in *Schrift*. Als prototypische Alphabetschrift gilt heute die lateinische Schrift. Sie ist zugleich als Erst- und als Zweitschrift die am weitesten, nämlich global verbreitete Alphabetschrift.

Abugida[19] ist eine Sonderform alphabetischer Schriften. Ältere Bezeichnungen für sie sind *alphasyllabische* oder *semisylla-*

19 *Abugida* ist eine äthiopische Bezeichnung für die äthiopische Ge' ez-Schrift. Wie das Wort *Alphabet* aus der Bezeichnung für die ersten zwei Buchstaben der hellenischen Schrift, so ist der Ausdruck *Abugida* aus den ersten vier Buchstaben (a, b, c, d) der Ge'ez Schrift abgeleitet. Als Fachausdruck für die entsprechende Schriftart ist er von Peter T. Daniels vorgeschlagen worden (vgl. Daniels & Bright, 1996).

bische Schrift. Dem Typ nach erscheint sie als eine Zwischen-
form von alphabetischer und syllabischer Schrift. Ihre Grund-
einheit ist ein Buchstabe, der sich auf einen bestimmten Konsonanten (z. B. *k*), gefolgt von einem bestimmten Vokal (z. B.
a) bezieht. Der entsprechende Buchstabe kann so auch als ein
Silbenzeichen (in diesem Fall für die Silbe *ka*) interpretiert
werden. Folgt dem Konsonanten ein anderer Vokal oder kein
Vokal, wird der Buchstabe systematisch modifiziert (entweder mittels eines diakritischen Zeichens oder mit einer Variation seiner Gestalt). Für unabhängige Vokale, z. B. im Anlaut
eines Wortes, gibt es eigenständige Vokalzeichen. Vom klassischen Typ der Silbenschriften unterscheiden sich die Abugida-
Schriften dadurch, daß zum einen die Schriftzeichen für Silben mit demselben Konsonanten (z. B. *ka, ki, ku, ke, ko*)
Abwandlungen voneinander darstellen und entsprechend einander gleichen und daß zum anderen jeder Vokal innerhalb
einer Silbe durch einen bestimmten Zeichenbestandteil oder
eine bestimmte Gestaltvariation des Zeichens als solcher ge-
kennzeichnet ist. Typische Abugida-Schriften sind die südasiatischen und die aus ihnen abgeleiteten Schriften (z. B.
Äthiopisch und Tibetisch). Im vorliegenden Aufsatz wird auf
die Abugida-Schriften nicht gesondert eingegangen. Sie werden hier aus zwei Gründen erwähnt. Zum einen sind sie ein
Beleg dafür, daß reine Schriftarten nicht die Regel, sondern
die Ausnahme sind. Zum anderen soll der Hinweis auf sie
daran erinnern, daß man Europa und Asien nicht dichoto-
misch miteinander vergleichen kann. In den meisten Bereichen ist zumindest eine Triangulation[20] angezeigt: Europa –
Südasien – Ostasien. Angemessener ist freilich in der Regel
ein plurilateraler Vergleich zwischen einer Mehrzahl von Kul-

20 Wm. Theodore de Barys Begriff, 2007: 27.

turen, wie er sich für typologische Studien innerhalb der Sprachwissenschaft als eine fruchtbare Forschungsstrategie erwiesen hat.

Drei Grundprinzipien zur Schaffung einer vollständigen Schrift

Von einer vollständigen Schrift spricht man, wie erwähnt, wenn alles, was in einer Lautsprache mitteilbar ist, auch mit visuellen Zeichen wiedergegeben werden kann. Vor allem drei Prinzipien haben sich im Gang der Schriftgeschichte als konstitutiv für die Schaffung einer vollständigen Schrift erwiesen. Das erste Prinzip liegt der Schaffung von Schriftzeichen überhaupt zugrunde. Das zweite führte zur Entwicklung von Wortsilben- und anschließend zu reinen Silbenschriften, das dritte zur Entwicklung der ersten alphabetischen Schrift.

Das erste und grundlegende Prinzip kann als *Metasemieprinzip*[21] bezeichnet werden – in Analogie zum wohlbekannten rhetorischen Metonymieprinzip, dessen Ausdehnung von sprachlichen Zeichen (Namen) auf alle Zeichen überhaupt es ist. Eine *Metasemie* (meine Wortprägung) liegt vor, wenn ein

21 In diesem Abschnitt wird eine Reihe von Fachausdrücken verwendet, die im vorangehenden Abschnitt nicht aufgeführt wurden, weil sie nur gerade in diesem Abschnitt gebraucht werden. Sie werden im Text oder in den Anmerkungen erläutert. – Von einer *Metonymie* spricht man, wenn ein Name *(onyma)* in einem »übertragenen Sinn« für etwas gebraucht wird, das mit dem eigentlichen Sinn des Wortes in einem räumlichen, zeitlichen oder sonst einem sachlichen, kausalen oder funktionalen Zusammenhang steht. »Weißes Haus« ist die gängige Bezeichnung für die Residenz des amerikanischen Präsidenten. Metonymisch wird der gleiche Name für den Präsidenten und seinen Stab gebraucht. – Champollion (1824: 290–292) beschreibt die drei Stilfiguren der Synekdoche, der Metonymie und der Metapher als konstitutive Prinzipien bei der Schaffung der symbolischen Charaktere der ägyptischen Schrift.

Zeichen *(Sem)* für eine Gegebenheit auf das Wort für diese Gegebenheit übertragen wird. Ein Zeichen, das z. B. einem Pferd (chinesisch: *ma*) gleicht und deshalb zur Darstellung eines Pferdes dient, wird als Schriftzeichen für das Wort »Pferd« (chinesisch: *»ma«*) übernommen. Das Bildzeichen (Piktogramm) wird so zu einem Wortzeichen (Logogramm). Wenn man große Worte mag, kann man von einer »logographischen« oder allgemeiner von einer »linguistischen Wende« im menschlichen Zeichengebrauch sprechen, zu der es mit der Anwendung des Prinzips der Metasemie gekommen ist.

Das zweite Prinzip ist ein *Homophonieprinzip.*[22] Andere Bezeichnungen sind, zurückgehend auf den Schriftgelehrten Xu Shen (ca. 48−148), *jiajie*[23] in der chinesischen und, seit weniger als einem Jahrhundert, *Rebusprinzip* in der europäisch-amerikanischen Schriftliteratur. Ein Schriftzeichen für ein Wort wird zum Zeichen für die Lautgestalt des Wortes und als solches übertragen auf gleichlautende Wörter und Wortteile (Morpheme und Silben).[24] Ein bekanntes und leicht verständ-

---

22 *Homophonie* = Gleichlautung, Gleichklang.

23 »Borgen«, »ausleihen«. Gemeint ist, daß man ein Schriftzeichen für ein Wort »leihweise« als Schriftzeichen für ein anderes Wort mit gleicher oder ähnlicher Lautung nutzt. *Nota bene:* Die Verwendung des *Jiajie-,* Homophonie- oder Rebusprinzips ist ein Hinweis darauf, daß sich die Schriftzeichen unmittelbar auf Wörter beziehen und nicht auf die von den Wörtern bezeichneten Sachen!

24 Das Homophonieprinzip entspricht wie das folgende Akrophonieprinzip einer besonderen Form der Synekdoche. Eine *Synekdoche* ist wie die Metonymie eine rhetorische Stilfigur. Ein Ausdruck, der sich im eigentlichen Sinn auf einen Teil oder Teilaspekt eines Gegenstands bezieht, wird zu einer Bezeichnung für den ganzen Gegenstand, oder umgekehrt ein Ausdruck für den ganzen Gegenstand wird zur Bezeichnung für einen Teil oder einen Teilaspekt des Gegenstandes. Beispiele: «Türkis«, der Name für ein Mineral, wird zum Namen der Farbe des Minerals. »Rad«, ein Teil eines Vehikels wird zum Namen des (ganzen) Vehikels.

liches Beispiel ist der Gebrauch der indoarabischen Ziffer 4, die im Englischen als *four* gelesen wird, für das gleichlautende Wort *for* in Reklamen wie »Appels 4 sale«. Man kann von einer »phonographischen Wende« in der frühen Schriftgeschichte sprechen, zu der es mit der Anwendung des Prinzips der Homophonie gekommen ist.

Wegen der Bedeutung dieses Prinzips für den Aufbau der chinesischen Schrift ist eine ausführlichere Erörterung angezeigt. In der Tat eignet sich die chinesische Schrift mit ihren vielen homophonen Wörtern ganz besonders für seine Anwendung. Aus dem gleichen Grund eignet sich die homophoniereiche englische Sprache besonders gut zur Illustration der spielerischen Verwendung des Prinzips in Rebusrätseln. In einem Rebusrätsel verrät der Kontext, in dem ein Piktogramm gebraucht wird, daß dieses nicht in seinem eigentlichen Sinn als Abbild eines Gegenstandes zu interpretieren ist, sondern als Zeichen für die Lautgestalt des Wortes, das für den abgebildeten Gegenstand gebraucht wird.

Hier einige Beispiele: Das Piktogramm einer Biene *(bee)* kombiniert mit dem Piktogramm eines Blattes *(leaf)* steht für das Wort *belief,* das Piktogramm einer Biene kombiniert mit der Ziffer 4 *(four)* für *before,* der Buchstabe *w* kombiniert mit dem Piktogramm eines Arms für *warm,* der Buchstabe *h* kombiniert mit dem Piktogramm eines Ohrs für *hear,* das Piktogramm einer Dattel *(date)* für *date* im Sinn von »Rendez-vous« oder aber für die Silbe *date* in Wörtern wie »can*date*« und »vali*date*«. Ein entsprechendes deutsches Beispiel ist die Verwendung der Ziffer 8 in Gib 8!«, »Gute N8!«, »And8« usw. Mein Schulbeispiel für einen ganzen Satz ist die Zusammenstellung von Piktogrammen für ein Auge *(eye)*, eine Dose *(can)*, eine große Wasserfläche *(sea)*, einen Mann *(man)*, einen Hut *(hat)* und etwas Gerbstoff *(tan)*. Sie ist lesbar als *I can see*

Manhattan. Viele Wappen sind nach dem Rebusprinzip entworfen worden. So wurde das Bild eines Ochsen, der (an einer Furt) einen Fluß überquert (oder auch nur über diesem zu stehen scheint), zum Wappen von Oxford.

Wie in Rebusrätseln gibt in einer schriftlichen Mitteilung der Kontext zu erkennen, daß ein bestimmtes Schriftzeichen nicht für das Wort steht, für das es ursprünglich geschaffen wurde, sondern (wie das Wort *date* im angeführten Beispiel) für ein anderes Wort oder einen Wortbestandteil (eine Silbe), die gleich oder ähnlich wie es ausgesprochen werden. Die ältesten bekannten Beispiele für die Anwendung des Rebus- *alias* Homophonieprinzips wurden um 1930 in der archäologischen Ausgrabungsstätte Jamdat Nasr in der Nähe von al-Hilla in Iraq gefunden. Es sind Schriftzeichen in der sumerischen Keilschrift, der ältesten Schrift der Menschheit überhaupt, auf Tontafeln geritzt vor rund 5000 Jahren. Auch das klassische Beispiel, 1936 eingeführt vom Sumerologen Adam Falkenstein und popularisiert vom führenden Schrifthistoriker des 20. Jahrhunderts, Ignace J. Gelb (1952: 67), für die Verwendung des Rebusprinzips stammt aus jener Zeit und jener Region: Das sumerische Logogramm *ti* (»Pfeil«), eine skizzenhafte Wiedergabe eines Pfeils, wurde sekundär als Logogramm für das gleichlautende sumerische Wort *ti,* das angeblich »Leben« bedeutete, gebraucht.[25]

Ein frühes chinesisches Beispiel ist das Schriftzeichen für *zhou* («Ellbogen«), ein piktorales Logogramm in der Gestalt eines am Ellbogen gebeugten Arms, das als Logogramm für das damals gleich oder ähnlich ausgesprochene Wort *jiu* (»neun«)

---

25 Nach neueren Sumerologen beruht das Beispiel auf einer Fehlinterpretation von *ti* im Sinn von »Leben«. DeFrancis' (1989: 75 f.) alternatives sumerisches Beispiel ist das Logogramm *gi* im Sinn von »Schilf«, das auch als Logogramm für *gi* im Sinn von »vergüten« gebraucht wurde.

übernommen wurde. Ein in der chinesischen Schrift weit verbreiteter Gebrauch des Rebusprinzips ist die Kombination eines Schriftzeichens, dessen Aussprache wohlbekannt war, mit einem anderen logographischen Zeichen, um dessen Aussprache anzuzeigen und gegebenenfalls von anderen Bedeutungen dieses Zeichens zu unterscheiden. Mit Kwan Tze-wans Worten (2001: 205): »A lot of Chinese characters were not used according to their ›face value‹, but borrowed simply as sound tags.« Die beiden miteinander verbundenen Zeichen fungieren nun nicht mehr als eigenständige Zeichen, sondern (in verkleinerter Form) als Bestandteile eines zusammengesetzten Schriftzeichens, als phonographischer Bestandteil das eine und als semantischer Bestandteil das andere.

Das dritte Prinzip ist als *Akrophonieprinzip*[26] in die Schriftliteratur eingegangen. Mit der Anwendung dieses Prinzips wird das Schriftzeichen für ein Wort zum Schriftzeichen für den Anlaut dieses Wortes. Ein Logogramm (Wortzeichen) wird zu einem Buchstaben (Einzellautzeichen). Paradigmatische Beispiele sind die ersten Buchstaben des frühesten Alphabets. Das ägyptische Schriftzeichen für »Rind«, in der protokanaanäischen Sprache Palästinas *'alp* und in der phoinikischen *'aleph,* das stilisierte Bildchen eines Rindkopfes, wurde zum

---

26 *akron* = Spitze, Gipfel, oberster Rand. Vgl. *Akropolis* (»Oberstadt«, Stadt auf einem Berggipfel). Bekannter als das in der frühen Schriftgeschichte zur Anwendung gekommene Akrophonieprinzip ist das mit ihm verwandte Akronymieprinzip, das heute wohl gebräuchlichste Verfahren zur Schaffung neuer Wörter. Ein *Akronym* ist ein Wort, dessen Buchstaben die Anfangsbuchstaben von Wörtern sind, mit denen es sich definieren läßt. Beispiel: Laser = Light Amplified through Stimulated Emission of Radiation. Eine Verbindung von Akrophonie- und Homophonieprinzip findet sich in der Losung R2P (Responsibility to Protect) der internationalen Politik zur Begründung von »humanitären Interventionen« zum Schutz von Menschenrechten.

Buchstaben für den Knacklaut oder Kehlkopfverschlußlaut (in Umschriften wiedergegeben als Apostroph ') am Anfang dieses Wortes.[27] Desgleichen wurde das Schriftzeichen für »Haus«, in den semitischen Sprachen *beth,* zum Schriftzeichen für den zweiten Laut des Alphabets *b* und so fort. Man kann von einer »alphabetischen (oder einer zweiten phonographischen, nunmehr einer einzellautschriftlichen) Wende« in der Schriftgeschichte sprechen, zu der es mit der Anwendung des Prinzips der Akrophonie gekommen ist.[28]

Es gibt kein vollständiges Schriftsystem, dessen Existenz nicht dem Homophonie- oder dem Akrophonieprinzip zu verdanken ist. Dank des Homophonieprinzips entwickelten sich mit ikonischen und diagrammatischen Zeichen geschriebene Wortschriften, die als solche nur partielle Schriftsysteme zu sein vermochten, erst zu logosyllabischen und dann einzelne

27 Die hellenischen Kaufleute, die von ihren phoinikischen Handelspartnern zu schreiben lernten, scheinen den für sie ungewohnten Knacklaut überhört zu haben und verstanden den ersten Buchstaben des phoinikischen Alphabets als Buchstaben für den Vokal *a.* Vgl. dazu Holenstein, 2004: 12 f. & 74.

28 Hegel, der sich wie kein anderer der großen Philosophen der vergangenen zwei Jahrhunderte über die Fortschritte in der Geschichtsforschung auf dem laufenden hielt, scheint alsbald die potentiell revolutionäre Bedeutung von Champollions Entschlüsselung (1822 & 1824) ägyptischer Hieroglyphen mit der Entdeckung des Akrophonieprinzips erkannt zu haben (1822 ff.: 247 f.): »Man hat späterhin gefunden, daß ein großer Teil der Hieroglyphen phonetisch ist, d. h. Laute angibt. So bedeutet die Figur des Auges zuerst das Auge selbst, dann aber auch den Anfangsbuchstaben des ägyptischen Wortes, das Auge heißt [...]. Der berühmte Champollion der Jüngere hat zunächst darauf aufmerksam gemacht, daß die phonetischen Hieroglyphen mit solchen, die Vorstellungen bezeichnen, untermischt sind, sodann die verschiedenen Arten der Hieroglyphen geordnet und bestimmte Prinzipien zu ihrer Entzifferung aufgestellt.« Zu einer radikalen Revision seines Geschichtsbildes vermochten ihn Champollions Funde jedoch nicht zu bewegen.

von ihnen weiter zu rein syllabischen Schriften. Der systematische Gebrauch des Homophonieprinzips führte zu reinen Silbenschriften und der systematische Gebrauch des Akrophonieprinzips zur ersten rein alphabetischen Schrift.

Wiederholt zeigte sich im Verlauf der Schriftgeschichte, daß ein Prinzip, das innerhalb einer Sprache nur ansatzweise entwickelt worden ist, bei der Übernahme in eine andere Sprache mit einer anderen morphologischen und phonologischen Struktur infolge der Probleme, die sich in ihr bei der Adoption des Schriftsystems, das für eine andere Sprache entwickelt worden war, ergaben, systematischer angewandt und weiterentwickelt worden ist. Das war schon bei der ersten Übernahme eines Schriftsystems von einer Sprache in eine andere der Fall, bei der Anwendung der logosyllabischen sumerischen Schrift auf die akkadische Sprache. Die heute klassischen Beispiele sind die protokanaanäische Alphabetschrift und die japanischen Silbenschriften. In Palästina wurde nach dem ägyptischen Modell, anders als in Ägypten selbst, wo das Prinzip nur in besonderen Fällen, z. B. zur Schreibung fremdsprachiger Namen angewandt wurde, mit der systematischen Anwendung des Akrophonieprinzips die erste rein alphabetische Schrift geschaffen, und in Japan kam es nach chinesischen Vorbildern, jedoch systematisch über diese hinausgehend, zur Ausbildung von zwei reinen Silbenschriften.

Weder die Erfindung der Schrift als solcher mit der Umwandlung von piktographischen Zeichen in logographische Zeichen noch die nachfolgenden Schöpfungen von syllabischen und alphabetischen Schriftzeichen waren das Werk von Genies. Ihre Erfindung ist nicht vergleichbar mit der Entdeckung der Newtonschen Gesetze und der Kreation der Einsteinschen Relativitätstheorien oder der Erfindung des Grammophons und des Telephons. Diese Entdeckungen und Erfindungen setzten einen genialen Geist voraus. Die Erfindung der logographischen, syllabischen und alphabetischen Schriftzeichen war nichts anderes und nichts mehr als die Anwendung von elementaren, intuitiv nachvollziehbaren, mehr oder weniger gewitzten Verfahren, mit denen Menschen zu spielen lieben. Ihre strukturale Verwandtschaft mit rhetorischen Stilfiguren (Metonymie und Synekdoche), die von jedem Menschen leicht nachvollziehbar sind, sowie mit Bilderrätseln (Rebus), Wortspielen (Akronymie), Wappen, Firmenlogos und neuerdings mit *text messaging (txtng)* ist ein Indiz dafür.[29] Was es anschließend zur Schaffung einer vollständigen Schrift brauchte, war die systematische Benutzung dieser anfänglich nur sporadisch verwendeten Verfahren zur visuellen Wiedergabe lautsprachlicher Äußerungen. Erforderlich war insgesamt nicht mehr als eine Verbindung von Gewitztheit und Systematizität. Nicht die über mehrere Erdteile verbreiteten Anfänge und die beiden großen revolutionären phonographischen Wenden der Schriftentwicklung (mit der Anwendung des Homophonie- und Akrophonieprinzips), sondern nur ihre konsequente Fortset-

---

29 Vgl. Crystal, 2008. Im *texting,* das Kulturpessimisten nur als ein weiteres Symptom für einen fortschreitenden Sprachzerfall wahrzunehmen vermögen, feiern Schreibverfahren Urständ, die für die Entwicklung der traditionellen Schriften konstitutiv waren, insbesondere das Homophonie- und das Akronymieprinzip sowie der Verzicht auf für die Worterkennung überflüssige Vokale *(txtng* statt *texting)* und eine Vorliebe für Logogramme, aber auch das Äquivalenzprinzip, die Ausnützung der Tatsache, daß sich in historisch gewachsenen Schriften für ein und denselben Sprachlaut häufig mehrere Schreibweisen finden. Von diesen Prinzipien wird ein spielerischer und weitgehend unbewußter Gebrauch gemacht. Vorausgesetzt ist ein Sensorium für das Verhältnis zwischen Sprachlauten und Schriftzeichen (ebd. 162). Im *texting* erfährt man so nicht nur »language in evolution« (ebd. 175), sondern gleichfalls, wie in einem Zeitraffer, wie, mit welchen spielerischen Tricks, es zu den traditionellen Schriften der Menschheit gekommen ist.

zung waren das Werk von Gelehrten und Gelehrtenfleiß. Auch nach der Ausbildung von kompletten Schriftsystemen war die Weiterentwicklung, speziell ihre Adaptation an sprachliche Mehrdeutigkeiten, immer wieder »intuitiv gefundenen Tricks und Feinheiten« (Ickler, 1997: 13), einer lebhaften Einbildungskraft der Schreibenden zu verdanken.

Unzweifelhaft wissenschaftlicher Gelehrsamkeit sind dagegen zwei Kreationen im Verlauf der Schriftgeschichte zuzuschreiben, die Kreation der Brahmi-Schrift, der Mutterschrift sämtlicher südasiatischer Schriften, wahrscheinlich im -3. Jahrhundert, und die Kreation von *Hangeul,* der »koreanischen Schrift«, im 15. Jahrhundert (vgl. Daniels & Bright, 1996: 218 ff. & 371 ff.). Besonders in bezug auf die koreanische Schrift zögern manche Kenner nicht, von Genialität zu sprechen. Ihre Erschaffung ist jedoch nicht von der gleichen fundamentalen und universalen Bedeutung in der Schriftgeschichte wie die Anwendung der drei Prinzipien der Metasemie, Homophonie und Akrophonie. Beide Schriften, Brahmi und Hangeul, sind auch keine Schöpfungen aus dem Nichts. Sie waren nicht ohne Vorlagen. Es sind sprachwissenschaftlich geleitete Vervollkommnungen des phonographischen Schrifttyps. Beide beruhen auf der Kenntnis älterer alphabetischer Schriften, die Brahmi-Schrift mit größter Wahrscheinlichkeit auf der Kenntnis der »reichsaramäischen« *lingua franca* im Großreich der persischen Achaimeniden, Hangeul mit großer Wahrscheinlichkeit auf der Kenntnis der Phagspa-mongolischen Schrift, die ihrerseits über die tibetische Schrift und südasiatische Schriften auf die aramäische Schrift zurückgehen, sowie auf phonologischen Kenntnissen, die über chinesische Phonologiestudien zumindest partiell auf die südasiatische Panini-Grammatik zurückführbar sind. Beide sind (in unterschiedlicher Hinsicht) eine Mischung von Einzellaut- und Silbenschrift. Eine Besonderheit beider Schriften ist ihre Orientierung an der Artikulation der Sprachlaute. Diese zeigt sich in den südasiatischen Schriften an der Anordnung der Schriftzeichen. Die Aufreihung der Buchstaben in den europäischen Alphabeten folgt ohne erkennbares Prinzip einfach der von den Phoinikern übernommenen Aufzählung. In Südasien folgt die Auflistung systematisch nach phonologischen Gesichtspunkten. Am Anfang stehen die Vokale, unterteilt in kurze und lange, anschließend folgen die Konsonanten, aufgereiht nach Artikulationsstelle und -art. Die koreanischen Konsonantenzeichen verweisen überdies mit der schematischen Wiedergabe der Artikulationsstelle und -art an, auf welche Laute sie sich beziehen. Darin besteht die zu Recht vielgerühmte Originalität und Genialität der koreanischen Schrift (Ledyard, 1997).

Logographie in Alphabetschriften

Vertraute Logogramme in europäischen Schriften

In Europa benutzen wir alphabetische Schriften. Aber wir sind keine Puristen, sicher nicht, wenn wir schreiben. Um Zahlen zu schreiben, gebrauchen wir indoarabische Ziffern. Diese Zahlzeichen sind klassische Logogramme. Sie stehen für Zahlwörter. Jedes Zahlzeichen kann von Sprechern verschiedener Sprachen in ihrer eigenen Sprache gelesen werden, die Ziffer *2* als *deux, due, two, zwei, er, ni* etc., nicht anders als das gleiche chinesische Schriftzeichen in China, in Korea und in Japan in der landesüblichen Sprache gelesen werden kann. In *20* werden die Ziffern *2* und *0* auch nicht mehr als *zwei* und *null*, sondern kombiniert als *zwanzig* gelesen.

Die Zahlzeichen sind nicht die einzigen nichtphonographischen Schriftzeichen. Sehen wir uns die Tastatur unserer Computer an. Dort finden wir graphische Zeichen für *Paragraph* (§), *plus* (+), *und* (&), *Prozent* (%) usf. Der Computer fördert mutmaßlich sowohl die Bewahrung wie die Neuschaffung von logographischen und desgleichen von phraseographischen Zeichen. Sie sind so leicht zu programmieren und zu schreiben. Das inzwischen beliebteste ist das *at*-Zeichen @, für das sich im Deutschen die Bezeichnung »Affenschwanz« eingebürgert hat.[30]

Seit geraumer Zeit ist es zudem zu Rückverwandlungen von Buchstaben in piktographische Zeichenbestandteile gekommen: *U-turn, T-shirt, Pedestrians Xing, S-Kurve, O- und X-Beine* sind die geläufigsten Beispiele.[31] Die neuen Wortprägungen beziehen sich auf etwas, das die Gestalt der Buchstaben anschaulich zu repräsentieren vermag, eine Wende im Straßenverkehr um 180°, ein Hemd in der Form eines Taukreuzes usw. (vgl. Brekle, 1981). Von Sprachwissenschaftlern werden sie in Analogie zu den lautnachahmenden (onomatopoetischen) Wörtern (wie *Uhu* und *Kuckuck*) *formnachahmende* und *formiko*-

---

30 Der Vollständigkeit halber ist in diesem Zusammenhang auch nochmals auf das Rebusprinzip als ein neues, Logogramme schaffendes Prinzip hinzuweisen. Während dieses Prinzip, wie im Abschnitt »Phonographie in der chinesischen Schrift« ausgeführt werden soll, für die chinesische Schrift fundamental ist, wird es in Europa und Amerika nur spielerisch, spaßeshalber, als Stilmittel oder bloß, um sich kurz auszudrücken, gebraucht: »2 be or not 2 be is the question.«

31 Die früheste semantische Umdeutung hat der hellenische Buchstabe Δ erfahren. Seine Ähnlichkeit mit dem Mündungsgebiet eines Flusses führte dazu, daß der Name des Buchstabens (Delta) zu einer metaphorischen Bezeichnung für dreieckähnliche Mündungslandschaften wurde. Es handelte sich eigentlich um eine Rückverwandlung des Buchstabens in ein Bild. Der westsemitische Vorläufer (phoinikisch: Daleth/»Tür«) des hellenischen Buchstabens geht auf die skizzenhafte Abbildung einer dreieckigen Zeltöffnung zurück.

nische Wörter genannt. Es ist jedoch nicht die Lautgestalt der gesprochenen Wörter, die für ihr Aufkommen ausschlaggebend war, sondern die graphische Gestalt der Buchstaben, mit denen hybrid (aus einem Buchstaben und einem gewöhnlichen Wort) zusammengesetzte Neuwörter geschaffen worden sind. Man könnte so von *formnachahmenden Logogrammen* oder von *graphemopoetischen Wörtern* sprechen. Ohne vorangehende Verschriftlichung der Sprache wäre es gar nicht zu diesen Neubildungen gekommen. Sie sind der griffigste Beleg für die nicht überraschende Feststellung, daß sich die Verschriftlichung einer Sprache unvermeidlich, im Fall einer phonographischen Schrift mit der Form nach abstrakten Buchstaben ebenso wie in einer logographischen Schrift mit bildhaft konkreten Graphemen, auf die fortwährende Entwicklung der Sprache auswirkt (vgl. Humboldt, 5.33−38). Bei den angeführten Beispielen liegt natürlich nur eine marginale und »die Ideenentwicklung« und die »in jeder Sprache eigentümliche [...] Weltansicht« (7.60) bloß geringfügig fördernde Auswirkung der Schrift auf die Sprache vor.

Flutartige Wiederkehr piktographischer Schriftzeichen
Mittlerweile zeichnet sich, von den neuen elektronischen Drucktechnologien nicht nur gestützt, sondern regelrecht stimuliert, eine eigentliche Wiederkehr von piktographischen Logo- und Phraseogrammen ab, und zwar auf breiter Front. Die Wiederkehr ist keineswegs auf Subkulturen beschränkt, sondern hat längst Eingang in informelle Mitteilungen gefunden. Ein frühes und bereits schon antik anmutendes neopiktographisches Logogramm besteht im Umriß eines Herzens, das für das Verb *lieben* in all seinen Abwandlungen (und in allen Sprachen lesbar) steht. Grassierend sich vermehrende piktographische Phraseogramme sind die *Smileys*. Auch sie sind

schon mit einem semiotischen Fachausdruck versehen worden: *Emoticons*. Soweit sie mit einer festgelegten Lesart verbunden sind,[32] handelt es sich auch nicht mehr um sprachunabhängige vor- oder außerschriftliche Piktogramme, wie es die »Bilderschriften«, die man bei schriftlosen Völkern findet und die man als Vorläufer der eigentlichen Schriften betrachtet, und moderne Straßenverkehrszeichen sind, sondern um kodierte (auf ganz bestimmte lautsprachliche Äußerungen bezogene) Schriftzeichen.[33] Eine ganze Reihe von ihnen wird nunmehr auch mit der Verwendung traditioneller, auf der Tastatur von Computern vorfindbarer Schriftzeichen wiedergegeben. :–) ist, seitwärts betrachtet, als fröhliches Gesicht erkennbar, :–D als schallend lachendes, |–O (wie bei vielen chinesischen Schriftzeichen, nur mit etwas Interpretationshilfe) als gähnendes.

Eine Vielzahl dieser Zeichen wurde nach dem Analogieprinzip geschaffen, das Kwan Tze-wan (2001: 207 f.) als ein originelles chinesisches Prinzip bei der Ausbildung neuer Schriftzeichen thematisiert. Er verweist auf das Phänomen der »Analogie der Schrift«, die nach Humboldt (7.71) im Chinesischen sehr oft anstelle der mangelnden »Laut-Analogie« erkennen läßt, von welchem Begriff die Rede ist.[34] Selbst ein traditioneller Buchstabe, derjenige für den deutschen Umlaut

---

32 Das Anliegen, von einem größeren Leserkreis verstanden zu werden, führt von selbst zur Standardisierung der neuen Zeichen und Zeichenverfahren.

33 Bei der Lektüre von sogenannten »Bilderschriften« ist man, anders als bei der Lektüre einer eigentlichen Schrift, in der Wortwahl völlig ungebunden.

34 Nicht nur die Ausbildung neuer Schriftzeichen sind ihm zuzuschreiben, sondern, so meint Kwan, selbst »die Formation des chinesischen Intellekts«. Die zitierte Passage Humboldts über die »Analogie der Schrift« kommentiert er wie folgt: »First of all, it brings to the fore-

ö, wurde aufgrund seiner Analogie mit dem Emoticon :o (seitwärts betrachtet ein Augenpaar und einen offenen Mund darstellend) zu einem Zeichen für »überrascht« umgedeutet. ö ist damit zu einem in ungewöhnlicher Weise doppeldeutigen homographischen Zeichen geworden. Einerseits ist ö, wie bisher, ein phonographisches Schriftzeichen für den Umlaut ö, andererseits ist ö zu einem logographischen Zeichen für das Wort »überrascht« und seine Entsprechungen in anderen Sprachen *(surprised, surpris)* mutiert.

Selbst wenn die logosyllabische chinesische Schrift auf eine rein syllabische Schrift reduziert würde (mit 400 bis 1300 standardisierten Silbenzeichen, je nachdem, ob man die verschiedenen Töne mitzählen würde), wie es einige auf Effizienz bedachte (wie es scheint, hauptsächlich amerikanische) Sinologen, so John DeFrancis und William C. Hannas, empfehlen, oder wenn sie eines Tages gänzlich durch die offizielle alphabetische Pinyin-Umschrift ersetzt würde, wie sie es erhoffen oder gar (freilich, wie sie zugeben, nicht für die nahe Zukunft) prophezeien, könnten wir immer noch sicher sein, daß das Schriftsystem in China nie ein rein phonographisches System bleiben würde.[35] Die »allen Nationen beiwohnende Neigung zur bildlichen Darstellung«, die Humboldt (5.39) als

ground the important issue of *analogy of script* as a new mode of analogy totally unknown to the West. [...] Thirdly, if we realize that analogy in the Western discussion also pertains to the basic model of human intellect, the notion of *Analogie der Schrift* will no doubt provide us with a good opportunity to understand how the Chinese script could contribute to the formation of the Chinese intellect.« Analogie der Schrift von der Art, wie sie Kwan für die chinesische Schrift beschreibt, gibt es in allen logosyllabischen Schriften im Westen wie im Osten von China, von Mesopotamien bis Ägypten und in Mesoamerika.

35 Just als ich beim Schreiben dieses Essays saß, erhielt ich nacheinander von Assistenten der Zhongshan Universität in Guangzhou und der

eine der Grundlagen der Bilder- oder Zeichenschrift anführt, läßt sich nicht so leicht von zelotischen Schriftvereinfachern ausrotten. Die Ersetzung der teilweise piktoral strukturierten Schriftzeichen durch abstrakte lateinische Buchstaben würde nur den gegenwärtigen Trend zu den neuartigen, zuerst in Japan aufgekommenen und von Chinesen bald übernommenen »Bildschriftzeichen« (japanisch: *emoji,* chinesisch: *xiangxingwenzi*) noch verstärken und ausweiten. Die *emoji/xiangxingwenzi* sind zum größten Teil Emoticons. Anders als die amerikanischen und europäischen Emoticons sind sie nicht nur aus den im »Westen« geläufigen Schriftzeichen zusammengesetzt, sondern auch aus chinesischen und japanischen Wort- und Silbenzeichen oder natürlichen Bestandteilen solcher Zeichen, zum größten Teil aus den künstlichen Pixeln, aus denen diese Zeichen auf den Bildschirmen von Computern und *mobile phones* aufgebaut sind. Schon heute beneiden amerikanische und europäische Liebhaber von neuartigen piktographischen Schriftzeichen die Japaner und Chinesen um den Reichtum der Zeichen, die ihnen ihre *mobile phone*-Hersteller anbieten.[36]

Wortzentrierte Lektüre alphabetischer Schriften
Sprachpsychologische Studien haben ergeben, was jeder Lesende aus eigener Erfahrung weiß, daß alphabetisch geschriebene Texte keineswegs nur atomistisch (analytisch ein Buchstabe nach dem anderen), sondern sogar mehrheitlich ho-

Chinese University of Hong Kong formelle (!) E-Mails, die mit einem *Smiley* schlossen.
36 Vgl. die vielen von Crystal (2008: besonders 135 ff. und 199 f.) angeführten Wortspiele, die chinesische und japanische Texter allein schon mit den lateinischen Buchstaben und den indoarabischen Ziffern, chinesisch und japanisch gelesen, neu geschaffen haben.

listisch (Wort für Wort, Morphem für Morphem oder Phrase für Phrase) gelesen werden. Wir schreiben und lesen primär Wörter und nicht Einzellaute. Vielen Kindern fällt es leichter, das Alphabet zu lernen, wenn sie zuerst ganze Wörter zu lesen und zu schreiben lernen und erst danach üben, wie die Buchstaben vereinzelt geschrieben werden. Jedermann weiß aus eigener Erfahrung, wie leicht wir das Fehlen eines Buchstabens in einem vertrauten Wort übersehen. Der erste Eindruck, noch bevor wir bemerken, welcher Buchstabe fehlt, ist häufig, daß uns das Wort einen ungewöhnlichen oder befremdenden Eindruck macht. Ein weiteres Indiz dafür, daß wir beim Lesen primär auf ganze Wörter und Phrasen ausgerichtet sind, ist der häufige Gebrauch von Abkürzungen für Wörter und Phrasen *(Abk., usw.)*. Die graphische Gestalt der Wörter wird in den modernen Buchstabenschriften durch den leergelassenen Raum zwischen den Wörtern zusätzlich herausgehoben und desgleichen die Gestalt von einzelnen Phrasen und von ganzen Sätzen durch das Setzen von Satzzeichen. Satzzeichen sind, nebenbei bemerkt, ein weiteres Beispiel für nichtphonographische Zeichen in einer phonographischen Schrift.

Sobald jemand fließend zu lesen vermag, sind Augen und Verstand nicht mehr auf die einzelnen Buchstaben gerichtet, sondern unmittelbar auf ganze Wörter und auf besondere Teile von Wörtern wie Affixe und Suffixe, d. h. bedeutungstragende Wortkomponenten. Ihre vertraut gewordene Gestalt wirkt als Blickfang. Der Linguist Dwight L. Bolinger prägte 1946 den Ausdruck *visual morphemes* für die bedeutungstragenden Buchstaben oder Buchstabenfolgen, die wir unmittelbar als solche erfassen. Ihre Auffälligkeit wird nicht dadurch behindert, daß sie in unterschiedlichen Kontexten unterschiedlich ausgesprochen werden, so das englische Plural *-s* stimmhaft oder stimm-

los und das die Vergangenheit anzeigende Suffix -*ed* mit oder
ohne Vokal.

HETEROGRAPHIE ALS SEMANTISCHES DISAMBIGUIERUNGS- UND PROFILIERUNGSMITTEL

Verschiedene Schreibung (Heterographie) gleichlautender
Wörter und Wortbestandteile ist eine zusätzliche Eigenart, die
viele Alphabetschriften mit der chinesischen Schrift, für die
sie immer wieder als charakteristisch hervorgehoben wird, teilen. Schriften, die von der ursprünglich annähernden Eins-
zu-eins-Beziehung zwischen Einzellauten und Buchstaben ab-
gekommen sind, können als nichtparadigmatische Fälle von
logosyllabischen Schriften angesehen werden, deren paradigmatische Instanz die chinesische Schrift ist. Die fehlende kon-
stante Korrespondenz zwischen Einzellaut und Buchstabe im
Englischen kommt mittlerweile nahe an diejenige zwischen
Silbe und Schriftzeichen im Chinesischen heran.[37] Ein Grund
für den Widerstand gegen die Wiederherstellung eines Eins-
zu-eins-Abbildverhältnisses ist die Erfahrung, daß Heterographie der Aufhebung von Zwei- oder Mehrdeutigkeit *(disambi-
guation)* von homophonen Wörtern dienlich ist. Heterographie
signalisiert, mit welcher Bedeutung gleich ausgesprochene, je-

---

37 DeFrancis, 1989: 114 & 119: »Chinese spelling as represented by
its phonetic elements is erratic, inefficient, and difficult to master. But
the same has been said about English spelling. – Throughout its history
the actual sound-to-symbol relationship in Chinese has approximated on
the syllabic level the much-maligned situation in English on the phone-
mic level. In contrast to the one-to-one relationship, where there is close
correspondence between sound and symbol, both writing systems are
characterized by a highly complex many-to-many relationship.« Ein
Textbuchbeispiel aus der englischen Sprache sind die elf verschiedenen
Buchstabierungen des langen Vokals *i* in *machine, me, fee, sea, field, con-
ceive, key, quay, people, subpoena* und *Caesar.*

doch unterschiedlich geschriebene Wörter zu lesen sind.[38]
Deutsche Beispiele sind *Bote* und *Boote, das* und *daß, Leere und
Lehre, Lid* und *Lied, man* und *Mann, Mohr* und *Moor* usf.[39]

Es ist bekannt, daß Benutzer der chinesischen Schrift die
Möglichkeit der Wahl zwischen Schriftzeichen mit unterschiedlichen Bedeutungen für ein und denselben Namen oder
Begriff dazu gebrauchen, eine bestimmte Meinung, Wertschätzung, Konnotation oder Assoziation zum Ausdruck zu
bringen, die mit der bloßen Aussprache eines Namens oder
eines Begriffs nicht möglich ist. Der früheste Name, der in
chinesischen Dokumenten für Japan überliefert ist, lautete
Wo, japanisch *Wa,* koreanisch *Wae.* Mit dem dafür benutzten
Schriftzeichen bedeutet der Name *gebeugt* und *kleinwüchsig* und
in einem übertragenen Sinn dann auch *unterwürfig, Zwerg(e)
und Sklave(n).* Die Japaner empfanden die Benutzung dieses
Schriftzeichens verständlicherweise als anstößig, herabsetzend
und beleidigend. So ersetzten sie es im 8. Jahrhundert, eigen-
mächtig und selbstbewußt genug, mit demjenigen für *Harmonie,* japanisch homophon *wa* gelesen (chinesisch: *he). Wakoku*

38 Gleitman & Rozin, 1977: 36 f.: »The item-specific representation
of an individual meaning by means of a unique orthographic configura-
tion is the same principle that appears in stone-age scripts *[sic]:* English
orthographic representation is partly logographic. [...] Is this mix of pho-
nographic and logographic information a barrier to English readers?
Quite the contrary, we hold that the multilevel [phonic, morphemic, le-
xical] representations are efficient for the fluent reader's purposes. Many
aspects of the reader's performance suggest that he [he or his brain?] mo-
nitors visual language at many levels in a rapid and critically integrated
series of information manipulations.«

39 Ein Philosophiehistorikern vertrautes Beispiel ist Leibniz' berühmte Frage: »Pourquoi il y a quelque chose *plus tôt* que rien?« Leibniz
unterschied noch nicht, wie das heute üblich ist, heterographisch zwischen *plus tôt* im Sinn von »früher« und *plutôt* im nichtzeitlichen Sinn von
»eher«.

bedeutet in der neuen Schreibweise nicht mehr *Zwergen- oder Sklavenland*, sondern *Harmonieland*.

Europäer verfahren bei Bedarf grundsätzlich nicht anders, wenn sie die Möglichkeit einer unterschiedlichen Schreibung für dieselben Laute haben.[40] Sie benutzen die Heterographie ebenfalls zur eigenen Profilierung. *Meyer* und *Mueller*, geschrieben mit einem raren *y* bzw. dem ebenfalls nur ausnahmsweise gebrauchten Digraphen *ue*, wirken vornehmer (als etwas Spezielleres) als die homophonen Schreibungen *Meier* und *Müller* mit einem gewöhnlichen *i* und dem üblichen *ü*. Dasselbe gilt heute für *Carl*, geschrieben mit dem lateinischen *C* anstelle des üblich gewordenen *K (Karl)*. Immer wieder wird die Heterographie auch dazu gebraucht, um auf eine bestimmte regionale oder ethnische Zugehörigkeit oder eine Identifikation mit sonst einem Anliegen hinzuweisen (vgl. *Jacobson* vs. *Jakobson, Luise* vs. *Louise*). Heidegger benutzte die alte Schreibung *Seyn* im Kontrast zur heutigen Schreibung *Sein*, um einen ihm besonders teuren Sinn von *Sein* anzuzeigen. Viele englischsprachige Enzyklopädien, *Wikipedia* miteingeschlossen, gebrauchen einen Großbuchstaben für den *God* der monotheistischen Religionen, aber einen Kleinbuchstaben für die *gods* and *goddesses* anderer Religionen.

---

40 Nach Champollion (1824: 321–324) waren die Ägypter (lange vor den Chinesen und Europäern) »Meister« in der symbolischen Auswertung der heterographischen Möglichkeiten, die ihnen ihre Schrift bot.

Semantisch motivierter Widerstand gegen eine strikt »lautgetreue Schreibung« alphabetischer Schriften

In den 1990er Jahren und weit in das erste Jahrzehnt des 21. Jahrhunderts hinein tobte in den deutschen Landen unter Sprachwissenschaftlern und Literaten ein heftiger Streit um eine Rechtschreibreform. Ein erklärtes Ziel der radikalsten Vertreter der Reform war (man kann nur staunen) »die Schreibung vom Transport semantischer Informationen zu entlasten«.[41] Was sie anstrebten, war eine »lautgetreue Schreibung«. In unserem Zusammenhang ist nun bemerkenswert, daß sich der zentrale Einwand gegen die vorgesehene Radikalreform mit dem Hauptargument deckt, das die Gegner einer Alphabetisierung der chinesischen Schrift ins Feld führen: Eine lautgetreue Schrift für eine Sprache wie die deutsche (oder eben die chinesische) ist sprachbedingt eine weniger leserfreundliche Schrift als eine Schrift, die semantische Informationen »transportiert«. Sie führt zu leicht vermeidbaren Mißverständnissen oder zumindest zu Stockungen im Lesen. In einer rein phonographischen Schrift mit einem spiegelbildlichen Verhältnis zwischen Lautstruktur und Schriftstruktur machen sich unvermeidlich Zwei- und Mehrdeutigkeiten bemerkbar. Die gemeinte Bedeutung eines mehrdeutigen Wortes oder Satzteils ist nicht immer mit dem Kontext der Rede von vornherein gegeben oder aus diesem im Nu ablesbar. Die Entwicklung unterschiedlicher Schreibweisen hat sich im Deutschen und keineswegs nur im Deutschen nicht ohne Grund ergeben.[42] Heterographische Schreibungen würden sich im Fall der Alphabetisierung wohl alsbald auch im Chinesischen wieder ein-

41 *Deutsche Rechtschreibung,* 1992: 147.
42 Anders als in der Moral hat in den Sprachen Faktisches (sofern es sich auf breiter Basis durchgesetzt hat) »normative Kraft«.

stellen, nunmehr mit den gleichen oder ähnlichen Verfahren, wie sie in allen alphabetischen Schriften mehr oder weniger anzutreffen sind: Aufhebung der Eins-zu-eins-Abbildung zwischen Laut und Schriftzeichen, Variation von Groß- und Kleinschreibung, Getrennt- und Zusammenschreibung von aufeinander bezogenen Wörtern und Morphem- statt Sprechsilbentrennung.[43]

Keiner der Reformkritiker verweist auf die Diskussionen, die von Angehörigen einer Sprache, für die wie für Chinesisch und Japanisch eine logosyllabische Schrift Tradition ist, geführt werden, wenn diesen von Anderssprachigen oder aus den eigenen Reihen eine Alphabetisierung ihrer Schrift angeraten wird. Ein solcher Verweis wäre spätestens dann angezeigt, wenn eine lautgetreue Schreibung als »flache« Schreibung und eine Schreibung, die auf den »Transport semantischer Informationen« mittels logographischer Schriftzeichen und Schriftverfahren nicht verzichtet, als »tiefere« Schreibweise bezeichnet wird. Wenn eine Schriftart das Prädikat »nicht flach« beanspruchen kann, dann die logosyllabische. Als beispielhaft für »flache«, ausschließlich oder zumindest in einem vorbildlichen Ausmaß an der Lautstruktur der Sprache orientierte Schreibungen werden die Schreibweisen des Italienischen und des Spanischen angeführt im Unterschied zu den gemischt lautliche und semantische Informationen vermittelnden und somit »tieferen« Schreibweisen des Deutschen, Englischen und Französischen. Was aber Chinesen und Japaner erst recht aufhorchen lassen muß, sind die Bezeichnung der lautgetreuen Schreibung als »fortschrittlich« und die unverschämte Mei-

43 Das sind die vier Themen, unter die Ickler (1997: 14–59), der wohl umsichtigste der Reformkritiker, die Mißverständnisse und Leseerschwerungen einordnet, zu denen die kompromißlose Durchsetzung der deutschen Rechtschreibreform geführt hätte.

nung, daß »das Festhalten an der üblichen tieferen nur ideologisch zu erklären« sei.[44]

Zur Veranschaulichung, wie vorteilhaft und faktisch unumgänglich auch in alphabetischen Schriften logographische[45] Schreibregeln sind, sollen nun einige exemplarische Fälle vorgestellt werden, die in den Rechtschreibdiskussionen der vergangenen Jahre vielfach erörtert worden sind.[46]

(a) Ein Zankapfel ist die Reichweite der Stammschreibung, nicht jedoch das Prinzip der Stammschreibung als solches. Nach diesem Prinzip werden Wörter, die aus einem Grundwort abgeleitet sind und daher morphologisch und etymologisch verwandt sind, möglichst gleich oder ähnlich geschrieben, auch wenn ihre Aussprache von derjenigen des Grundwortes abweicht. Es soll erkennbar bleiben, daß sie dem Sinn nach zusammengehören. Schulbeispiele sind *Rad/Rädchen, stark/stärker, Bund/Bundes, Kind/Kinder.* Die abgeleiteten Wortformen *Rädchen* und *stärker* werden mit dem Umlaut *ä* geschrieben und nicht »lautgerecht«, ihrer Aussprache im Hochdeutschen entsprechend, mit einem *e.* Im Fall von *Bund/Bundes* und *Kind/Kinder* ist es die Stammform, die der Schreibung der abgeleiteten Formen angepaßt wird. *Bund* und *Kind* werden wie das Farbwort *bunt* und wie *kint* ausgesprochen und wurden in vergangenen Zeiten auch so geschrieben. Auf die Anwendung des Prinzips der Stammschreibung wird ver-

44 Ickler (1997: 18), der diese Ansicht berichtet, betrachtet sie als seinerseits ideologisch. Sie dürfte auch von chinesischen und japanischen Sprach- und Schriftforschern aufgrund eigener Erfahrungen so empfunden werden.

45 Als »logographisch« werden im vorliegenden Kontext Schreibregeln und -verfahren bezeichnet, die dazu dienen, die Bedeutung von Wörtern erkennbar zu machen.

46 Viele der Beispiele sind, teilweise etwas abgewandelt, der zitierten Schrift von Ickler entnommen.

zichtet, wenn die etymologische Verwandtschaft (angeblich) nur mehr Sprachwissenschaftlern vertraut ist, z. B. bei *die Eltern* (ein auf *die Ältern* zurückgehendes Wort). Als Stammschreibung wird auch die von den meisten als unschön empfundene Dreifachschreibung eines Buchstabens in zusammengesetzten Wörtern gerechtfertigt, wenn das erste Wort mit einem Doppelbuchstaben endet und das andere mit dem gleichen Buchstaben beginnt *(Schifffahrt an einem helllichten Tag)*. Ob derselbe Konsonant zwei- oder dreimal geschrieben wird, bleibt ohne Auswirkung auf die Aussprache. Der einzige Vorteil ist logographischer Natur. Die zusammengesetzten Wörter bleiben als solche erhalten und sind leichter erkennbar. Bemerkenswerterweise hat die von den Schriftreformern (gegen ihr Grundanliegen einer möglichst lautgetreuen Schreibung) übergeneralisierte Regel zur Festschreibung einer Reihe von volksetymologischen Umdeutungen geführt. So soll das bisher etymologisch (dem ursprünglichen Sinn nach) korrekt buchstabierte Verb *verbleuen* fortan *verbläuen* geschrieben werden. Die Assoziation mit der Redensart »jemand grün und blau schlagen« verleitete zur Meinung, dem Verb *verbleuen* liege das Farbwort *blau* zugrunde. In Wirklichkeit hängt es mit *Bleuel* und *Pleuelstange,* alten Wörtern für *Schlägel* und *Schlagstangen,* zusammen.[47]

(b) Die Schreibung von bestimmten Wörtern mit großen Anfangsbuchstaben ist das anschaulichste Exempel dafür, daß man manches schriftlich zum Ausdruck bringen kann, für das es in mündlicher Rede keine Entsprechung gibt, so wie man umgekehrt manches mündlich ausdrücken kann (emotionale

---

47 Die analoge Schreibweise zementiert hier die von der analogen Aussprache insinuierte etymologische Umdeutung. Mehr zu solchen volksetymologischen Neudeutungen im nächsten Abschnitt mit dem Titel »Die Schrift als (volks-)etymologischer Faktor«.

Einstellungen zum Gesagten), das man mit keiner traditionellen Schrift, nicht einmal mit einer der traditionellen Notenschriften wiedergeben kann.[48] Von einem symmetrischen Verhältnis zwischen einer Lautverbindung und einer Buchstabenverbindung kann einmal mehr keine Rede sein.

Die Großschreibung kann syntaktische und semantische Funktionen übernehmen. In vielen heutigen alphabetischen Schriften dient sie der Kennzeichnung der Satzanfänge, von Eigennamen und der symbolischen Hervorhebung von besonders wichtigen Wörtern. Roman Jakobson würde von einer figürlichen oder gar ikonischen Bezeichnung sprechen: Was von großer Bedeutung ist, wird auch groß geschrieben. Nach den deutschen Rechtschreibregeln ist sehr vieles wichtig, nämlich sämtliche Substantive, ebenso Substantivierungen von anderen Wortkategorien. Substantive stehen häufig für Personen, Gegenstände und Sachverhalte, die sich auch in der Wahrnehmung von ihrer Umgebung abheben. Sie beziehen sich oft auf etwas, das als Gegenstand der Rede fungiert. Die semantische und syntaktische Funktion der Substantivgroßschreibung ist unübersehbar. Das Schreibenlernen wird zwar durch das für sie erforderliche Regelwerk erschwert, aber dafür wird die Lesbarkeit von Texten durch sie offenkundig dermaßen erleichtert, daß es für die deutsche Sprache trotz wiederholter Anläufe bisher nicht gelungen ist, sie zugunsten einer »gemäßigten Großschreibung«, wie sie für andere alphabetisch geschriebene Sprachen Usus ist, abzuschaffen. Auch dies, erschwertes Lernen und erleichtertes Lesen als Folge eines symbolisch geladenen Schreibverfahrens teilt die Schreibung des

48 Es gibt in fließender Rede nicht allein emotionale Ober- und Untertöne, sondern auch Übergänge zwischen Lauten, die keine Buchstabenabfolge und keine Anhäufung von diakritischen Zeichen getreu abzubilden vermag.

Deutschen mit derjenigen des Chinesischen. Beide werden mit ähnlichen Vorwürfen seitens eifriger Schriftreformer und vergleichbaren Lobesworten seitens besorgter Sprachkenner und leidenschaftlicher Traditionalisten bedacht.

(c) Ein weiteres Mittel, das zügige Verständnis eines Textes zu erleichtern, ist die Regelung der Getrennt- und Zusammenschreibung von aufeinander bezogenen Wörtern. Ihre fahrlässige Behandlung durch die Rechtschreibreformer hat zu besonders heftigen und auch zu manchen satirischen Protesten geführt. Den Kritikern geht es um die Vermeidung von Zweideutigkeiten, die in schriftlichen Texten mit dem unaufwendigen Mittel einer leeren Stelle zwischen zwei Wörtern bzw. mit der Tilgung dieser Leerstelle erreicht werden kann: Eine *wohlbekannte* Regel ist eine gute bekannte Regel, eine *wohl bekannte* Regel dagegen nur eine wahrscheinlich bekannte Regel. Ein *mies gemachtes* Regelwerk ist ein schlecht gemachtes Regelwerk, ein *miesgemachtes* dagegen ein Regelwerk, das als minderwertig hingestellt und heruntergemacht wird.

(d) Die von den Reformern vorgeschlagene Ersetzung der Trennung der bedeutungstragenden Bestandteile der Wörter an einem Zeilenende durch eine einseitig auf die Aussprache Rücksicht nehmende Sprechsilbentrennung würde zu einem weiteren Verlust einer semantisch informativen und das Sinnverständnis unterstützenden Schreibung führen. »Visuelle Morpheme«, die als solche eine wahrnehmungspsychologische Realität sind und deren Wahrnehmung bei einer auf sie Rücksicht nehmenden Trennung noch verstärkt wird, würden sinnlos verstümmelt. Eine augenfällige semantische Information würde ohne große Not vergeudet. Statt sinngemäß all-abendlich, *hin-auf, Inter-esse* und *Re-spekt* zu trennen würde nach dem Prinzip der Sprechsilbentrennung sinnwidrig, wie folgt, getrennt: *alla-bendlich, hi-nauf, Inte-resse* und *Res-pekt.*

Die Schrift als (volks-)etymologischer Faktor drüben wie hüben,
im Chinesischen wie in europäischen Sprachen

Die Etymologie ist die Wissenschaft von der Bedeutungsgeschichte der Wörter. Sie ist nach Wilhelm von Humboldt (5.301)

> naturellement double en Chinois, et repose en même temps sur les caractères et les mots, mais elle n'est bien évidente et manifeste que dans les premiers. [...] Les caractères sont presque tous composés, les parties desquelles ils consistent, sautent aux yeux, et leur composition a été faite suivant les idées de leurs inventeurs.

Die Zeichenbestandteile mögen »in die Augen springen«, aber ist deswegen auch schon ihre Bedeutung evident und manifest? Der Sinologe George A. Kennedy (1958) war jedenfalls anderer Meinung: Die chinesischen Schriftzeichen sind nicht »a collection of pictures to entrance the eye«.[49] Nach Humboldt (5.111) ist es unvermeidlich, daß piktographische Zeichen der Funktion der Sprache für das Denken auch hinderlich sein können. Dazu mehr im Abschnitt über das Verhältnis zwischen Schrift, Sprache, Ideen und Sachen.[50] Im jetzigen Kontext geht es um etwas anderes. Nach Humboldt ist die etymologische Bedeutung deshalb in den chinesischen Wör-

---

49 Vgl. Hansen, 1993: 387: »Chinese characters [...] are not innately and intuitively readable. Written Chinese has a conventional grammar. Characters are not self-interpreting, universal, or inherently meaningful symbols.« Erst nachdem man die tatsächliche Bedeutung der vieldeutigen Charaktere kennengelernt hat, ist der Zusammenhang zwischen ihrer Gestalt und ihrer Bedeutung »augenfällig« und wird zu einer Gedächtnisstütze.

50 Vgl. im besonderen die dort angeführten Zitate aus 5.51, 111 & 114.

tern nicht unmittelbar durchsichtig, weil diese im Unterschied zu den Schriftzeichen von einer Einfachheit seien, die sich der Analyse widersetze.

Man muß sich hier jedoch davor hüten, den Unterschied zwischen dem Chinesischen und den europäischen Sprachen auch noch in etymologischer Hinsicht zu verabsolutieren, so als ob es nur für das Chinesische eine doppelte, wort- und schriftbasierte Etymologie gäbe und als ob bei einsilbigen Wörtern in europäischen Sprachen die Schreibung nicht gleichfalls etymologisch aufschlußreicher sein könnte als ihre Lautgestalt. Schriften sind rund um den Globus konservativer als die Sprache. Sie wandeln sich langsamer. Die beiden einsilbigen Wörter *night* und *knight* werden heute gleich *(nait)* ausgesprochen. Ihre unterschiedliche Etymologie ist nicht anders als für chinesische Wörter nur in ihrer Schreibung »bien évidente et manifeste«. *Night* ging aus dem angelsächsischen *niht* und *neaht* hervor und ist mit dem deutschen *Nacht,* dem lateinischen *nox [noks]* (im Genitiv *noctis*) und dem Sanskrit *nakti* verwandt. *Knight* entwickelte sich aus dem angelsächsischen *cnight* (mit der Bedeutung »Jungkerl«) und hängt sichtlich, trotz unterschiedlicher Bedeutungsentwicklung in einem unterschiedlichen Umfeld, mit dem deutschen *Knecht* (althochdeutsche Bedeutung: »Knabe«, »Jüngling«, »Bursche«) zusammen.

Volksetymologische Umdeutungen, von manchen Sprachhistorikern als »Fehldeutungen« angesehen,[51] gibt es im Chinesischen wie in den europäischen Sprachen. Die volksetymologischen oder (wie man auch sagen kann) volkssemiotischen Umdeutungen haben ihre Basis im Chinesischen wohl haupt-

---

51 Vgl. Saussure, 1916: Introduction, Chapitre VI, § 4. Vgl. dagegen die verständnisvolle Erklärung solcher Volksetymologien durch Ickler, 1997: 20, zitiert in Anmerkung 85.

sächlich in der Mehrdeutigkeit der Schriftzeichen,[52] im Deutschen dagegen primär in der Mehrdeutigkeit der Lautgestalt eines Wortes, die dann sekundär durch ein angepaßtes Schriftbild verfestigt wird. Bekannte Beispiele sind (neben dem durch die Schriftreform neu geschaffenen und bereits erwähnten *verbläuen*) *Alptraum* und *Tollpatsch*. Die ähnliche Aussprache von *Alb* und *Alp* und von *Tol-* und *Toll* hat erst zu einer Umdeutung der Wörter *Albtraum* und *Tolpatsch* und anschließend zu einer Anpassung der Schreibweise und damit zu einer Fixierung der neuen Deutung geführt. Beim Wort *Alptraum* assoziiert man nicht wie bei seiner traditionellen Schreibung *Albtraum* einen Alb (Elf, Kobold oder Mahr, englisch *mare*), der, auf der Brust Schlafender hockend, diese bedrängt wie im berühmten Bild »The Nightmare« von Johann Heinrich Füssli (London 1781), sondern eine erdrückende Angst, deren Größe an das Gewicht der Alpen denken läßt. *Tollpatsch,* anfänglich mit nur einem *l (Tolpatsch)* geschrieben, geht auf das ungarische *tolpas(h)* mit den Bedeutungen »Breitfuß, Infanterist« zurück. Man machte sich das Fremdwort verständlich, indem man es phantasievoll mit den guten deutschen Wörtern *toll* und *patschen* assoziierte.

Phonographie in der chinesischen Schrift

Es ist keineswegs nur so, daß die alphabetischen Schriften manche Eigentümlichkeiten aufweisen, die als typisch für die chinesische Schrift angesehen werden. Es ist auch umgekehrt so, daß die chinesische Schrift mit den alphabetischen Schriften

52 Siehe dazu die Deutung des chinesischen Schriftzeichens für »Frieden« im folgenden Abschnitt.

einen Charakterzug teilt, der von vielen noch immer als exklusives Definitionsmerkmal der Alphabet- und Silbenschriften angesehen wird: ihre phonographische Dimension. Die chinesische Schrift hätte sich nie zu einer vollständigen Schrift zu entwickeln vermocht ohne phonographische Elemente.[53] Die überwiegende Mehrheit der chinesischen Schriftzeichen (gegen 90 Prozent) verweisen auf die Lautgestalt der Wörter, für die sie stehen.

Es gibt gar keine rein logographische Schrift. Die ägyptische, sumerische, akkadische, hethitische und desgleichen die Maya-Schrift, die als ideographische Schriften angesehen wurden, haben sich alle als logosyllabische, d. h. gemischt semantisch-phonographische Schriften erwiesen. Es war überhaupt nur dank ihrer ausgeprägten phonographischen Dimension gelungen, sie zu dekodieren. Die chinesische Schrift diente von Jean-François Champollion, der den Durchbruch in der Entschlüsselung der ägyptischen Schrift schaffte, bis zu Iurii Knorozov, dem die Entschlüsselung der Maya-Schrift gelang, als Modell zur Rekonstruktion der semantisch-phonographischen Doppelnatur dieser Schriften.[54] In umgekehrter Rich-

53 Champollion (1824: 304): »Nous ne saurions, en effet, admettre comme possible l'existence d'une écriture *totalement idéographique,* qui, par le secours des seuls caractères *figuratifs* ou *symboliques,* marcherait de pair avec une langue bien faite et rivaliserait avec elle en clarté dans l'art d'exprimer les idées. – Les Chinois, qui ont fait un usage bien plus étendu que les Égyptiens des signes *images* et des *symboles,* [...] n'ont pu éviter cependant d'introduire [...] certains signes qui indiquent *un son* et rattachent ainsi l'écriture à la langue parlée.«

54 Vgl. Champollion, 1822: 4 & 11; 1824: *passim,* besonders 290, 295–299, 304–307 & 324. Champollion war nicht nur mit der chinesischen Schrift selbst, sondern auch (dank seiner Bekanntschaft mit Jean-Pierre Abel-Rémusat, der gleichzeitig Humboldts wichtigste Kontaktperson für die chinesische Sprache und Schrift war) mit der traditionellen chinesischen Analyse und Klassifikation der Charaktere vertraut. Er hält

tung ist es der Rekonstruktion dieser »toten Schriften« zu verdanken, daß die eminente und *de facto* unverzichtbare Rolle der phonographischen Elemente in der chinesischen Schrift voll als solche realisiert worden ist. Der wechselseitige Vergleich der über drei Kontinente verteilten semantisch-phonographischen Schriften hatte erst zur Entdeckung der Unverzichtbarkeit des Homophonie- oder Rebusprinzips in der Entwicklung dieser Schriften geführt und damit zur Einsicht, daß phonographische Komponenten als Multiplikatoren von Schriftzeichen und als Indikatoren für ihre Aussprache in Schriften mit einer logographischen Basis unentbehrlich sind.

Bemerkenswerterweise sind es vor allem »westliche« Sinologen, die sich über die Geschichte und die Struktur auch anderer, lange Zeit als ideographisch angesehener Schriften kundig gemacht haben, die das Rebusprinzip als fundamentales Prinzip der Entwicklung der chinesischen Schrift und die Unentbehrlichkeit von phonographischen Komponenten thema-

fest, daß die chinesische Schrift im Unterschied zur ägyptischen nur eine kleine Zahl einfacher Bildzeichen *(xianxingzi)* aufweist (rund 200 vs. über 800) und daß mindestens die Hälfte (nach heutiger Zählung sind es, wie bereits erwähnt, gegen 90%) aus einem semantischen und einem phonographischen Bestandteil zusammgesetzte Zeichen *(xingshengzi)* sind. Nur die Rebusnatur der *jiajiezi* (»Lehncharaktere«) scheint ihm entgangen zu sein. Er klassifiziert sie zusammen mit den aus zwei piktographischen Zeichen zusammgesetzten »ideographischen« Zeichen *(huiyizi* genannt) als symbolische oder tropische Charaktere. Das ist zur Hälfte zutreffend, wenn zusammen mit der Lautgestalt auch die Bedeutung des Zeichens für seine Anwendung auf ein anderes Wort ausschlaggebend war. Champollion thematisiert in der Folge ebenso die grundlegenden Gemeinsamkeiten der ägyptischen und der chinesischen Schriften wie ihre bedeutenden Unterschiede. Die unterschiedliche Lautstruktur führte dazu, daß es in China zur »Erfindung einer syllabischen Schrift« und in Ägypten zur »Erfindung einer phonetisch-alphabetischen Schrift gekommen« ist (1824: 306 f.). Zu Knorozovs Entschlüsselung der Maya-Schrift Ausführlicheres im abschließenden Abschnitt dieses Aufsatzes.

tisieren. Den chinesischen Schriftforschern ist die häufige Verwendung dieses Prinzips natürlich nicht entgangen. Kwan Tze-wan (2001: 210) schreibt seiner übermäßigen Verwendung (»overgrowth«) die Einführung semantischer Komponenten als Gegenmaßnahme zur Disambiguierung der vieldeutig gewordenen Schriftzeichen zu.

Erforscher der chinesischen Schrift wie Boltz und DeFrancis bestehen im Anschluß an Pionierarbeiten von Peter A. Boodberg darauf, daß Zeichenkomponenten, die heute semantisch interpretiert werden, ursprünglich als phonographische Komponenten fungierten. So soll in dem berühmten (eingangs zitierten) sinnbildlichen Zeichen für Frieden *(an)* die Komponente, die heute als Skizze einer Frau gedeutet wird, früher ein Zeichen gewesen sein, das (sekundär) als *an* gelesen werden konnte und als solches in mehreren Schriftzeichen und so auch in demjenigen für das Wort für Frieden dazu gebraucht wurde, anzuzeigen, wie es zu lesen ist. Es soll über seine Aussprache und nicht über einen Sinngehalt, den man mit einer in einem Haus knieenden Frau leichthin assoziiert, auf das Wort *an* im Sinn von »Frieden« verwiesen haben (Boltz, 1994: 106–110). Der chinesische Schriftforscher Sun Yongchang ist gerade entgegengesetzter Meinung. Nach ihm hatten viele Zeichenkomponenten, die heute als phonographische ausgegeben werden, ursprünglich eine semantische Funktion.[55] Aber überhaupt nichts spricht dagegen, daß in einem System, das nicht von Theoretikern geschaffen wurde,

---

55 Sun Yongchang, auf den sich Kwan Tze-wan in seinen Erörterungen der chinesischen Schrift hauptsächlich stützt und auf den ich mich nur über Kwans Aufsatz (2001) beziehe, versucht, die Ansicht der traditionellen chinesischen Gelehrten, daß phonographische Komponenten in der größten Anzahl von Schriftzeichen zu finden sind, zu widerlegen (Kwan, 2001: 213).

manche Bestandteile bifunktional sind und dies entweder von Anfang an waren und gerade wegen ihrer Bifunktionalität gewählt wurden[56] oder aber im Verlauf der Zeit als solche verstanden und geschätzt worden sind.[57]

DeFrancis' Meinung, daß die phonographischen Komponenten bei all ihrer notorischen Ungenauigkeit ihre Funktion effizienter erfüllen als die semantischen Komponenten, verdient ebenfalls, festgehalten zu werden.[58] Von einem taxonomischen Standpunkt aus zeichnen sich die Klassifikationen, die in den sogenannten Klassifikatorensprachen von den Zähl- und Massennomina (ohne die Gegebenheiten in diesen Sprachen nicht quantifizierbar sind) vorgenommen werden, jedenfalls durch größere Systematik aus als die Klassifikationen, die den semantischen Komponenten der chinesischen Schriftzeichen entnommen werden können. Zu diesen Klassifikatorensprachen gehören just die vier wichtigsten Sprachen, die mit chinesischen Schriftzeichen geschrieben werden oder in der Vergangenheit geschrieben wurden, neben Chinesisch Japanisch, Koreanisch und Vietnamesisch.[59]

56 Vgl. Champollions Beispiele in der ägyptischen Schrift (1824: 321–324).

57 Grundsätzliches dazu im Abschnitt »Redundanz in Sprache und Schrift«.

58 »Although the [phonographic] clues vary in the degree to which they suggest the pronunciation of the full characters, overall they are far more specific than the semantic clues« (DeFrancis, 1989: 108). Sun Yongchang ist der Meinung, daß der lose und vage Charakter der semantischen Komponenten ihrer produktiven Verwendung förderlich war (Kwan, 2001: 213). Dasselbe Argument kann natürlich auch für die phonographischen Komponenten mit ihren nur ungefähren Hinweisen auf die Aussprache der Schriftzeichen gemacht werden.

59 Vgl. die Ausführungen zu den Zählnomina im Japanischen und Chinesischen in Holenstein, 2008: 347 ff.

Immer wieder meinen Autoren, die sich mehr an Wilhelm von Humboldt als an Tatsachen, vor allem an solchen, die Humboldt noch nicht oder noch nicht hinreichend bekannt sein konnten,[60] orientieren, daß die alphabetischen Schriften in besonderer Weise dazu anhalten, die Aufmerksamkeit auf die Lautstruktur zu lenken und diese zu analysieren.[61] Mehreres ist dazu zu sagen.

Für alles gibt es in der Regel mehr als einen Anlaß und mehr als ein Mittel. Alphabetschriften sind nicht der einzige Anreiz, über die Lautstruktur einer Sprache zu reflektieren. Ihre Schaffung beruht ja ihrerseits auf einer gewissen Auffälligkeit der Lautgestalt sprachlicher Äußerungen. Die perfekteste Lautanalyse einer Sprache vor dem 20. Jahrhundert, Paninis Grammatik, am wahrscheinlichsten im -4. Jahrhundert redigiert, bezog sich auf eine Sprache, Sanskrit, die zu jener Zeit überhaupt noch nicht verschriftlicht war.[62] Sein monumentales

---

60 So Paninis phonologische (und morphologische) Analysen des zu seiner Zeit noch nicht verschriftlichten Sanskrit. Die erste vollständige Druckfassung von Paninis *Ashtadhyayi (Paninis acht Bücher grammatischer Regeln)*, hg. von Otto Böhtlingk, erschien nach Humboldts Tod 1835, in den Jahren 1838–40 in Bonn. Humboldt (5.121) schrieb, daß die Buchstabenschrift »allein erst die Einsicht in die Gliederung [der Sprache] vollendet«. Bloomfield, 1933: 10 f.: »No other language, to this day, has been so perfectly described.«

61 z. B. Wenzel, 2007: 300.

62 Panini kannte Schreiber und Schrift. Es ist jedoch nicht mit Sicherheit auszumachen, um welche es sich handelte. Am ehesten kommen Schriften in Frage, die zu seiner Zeit im persischen Achaimenidenreich (darunter Aramäisch) üblich waren. Schriften für die südasiatischen Sprachen sind mit großer Wahrscheinlichkeit erst ein Jahrhundert später, im -3, Jahrhundert, geschaffen worden. Vgl. Falk, 1993, zu Panini 257–267, im besonderen 258 f.

Werk hatte Panini, so unglaublich das heute zu sein scheint, mit großer Wahrscheinlichkeit auch nichtschriftlich verfaßt. Seine 2959 Regeln des vedischen Sanskrit sind in ebenso vielen *sutrani* (Lehrversen) abgefaßt. Ein Motiv für seine Forschungsleistung scheint die Bedeutung der Sprache und der exakten Rezitation heiliger Texte für die brahmanischen Riten gewesen zu sein.[63] Paninis Werk ist das eindrücklichste Gegenbeispiel zur Widerlegung von Humboldts Überzeugung, daß mit der Schrift »erst Nachdenken über die Sprache und Bearbeitung derselben eigentlich möglich werden« und daß die Buchstabenschrift »allein erst die Einsicht in die Gliederung [einer Sprache] vollendet« (5.35 & 121): »Gleich mit dem Alphabete beginnt die Erforschung der Form einer Sprache, und durch alle Teile derselben hindurch wird dies als ihre hauptsächlichste Grundlage behandelt« (7.50).[64]

Paninis Lautanalysen sind für die europäischen und amerikanischen Phonologen des 19. und 20. Jahrhunderts, Ferdinand de Saussure im besonderen, ein Vorbild gewesen. Saussure hat im übrigen scharfzüngig seine Schüler darauf aufmerksam gemacht, wie die alphabetische Schrift führende Phonetiker des 19. Jahrhunderts zu falschen Lautdeutungen verleitet hatte.[65]

In China gab es nicht nur Wörterbücher, die semantisch und graphemisch (nach der Anzahl der Striche eines Zeichens) ge-

63 Auch die Meditation über die triadische Struktur der heiligen Silbe *Aum (Om)* reicht in vorschriftliche Zeiten zurück.

64 Nichts einzuwenden ist selbstverständlich gegen Humboldts Ansicht, daß der Schrift eine »erleichterte Vergleichung des in verschiedenen Zeiten Gesagten oder in Worten Gedachten« (5.35) zu verdanken ist.

65 Vgl. Saussure, a. a. O., §5: »L'écriture voile la vue de la langue: elle n'est pas un vêtement, mais un travestissement.« Keine der traditionellen alphabetischen Schriften gibt die Laute in der genauen Weise wieder, die das *Alphabet phonétique international* mit eigens zu diesem Zweck geschaffenen Zeichen anstrebt.

gliedert waren, sondern auch nach Lautkriterien aufgebaute, sogenannte Reimlexika.[66] Das älteste erhalten gebliebene, *Qieyun* (»Reime schneiden«), geht auf das Jahr 601 zurück. Es ordnet die Schriftzeichen nach Anlaut und Reim. Seine Verfasser waren Literaten in der damaligen Hauptstadt Chang'an, die aus verschiedenen Regionen des Reiches stammten. Sie waren auf die unterschiedlichen regionalen Aussprachen derselben Wörter und ebenso auf Variationen zwischen älteren und zeitgenössischen Lesungen derselben Zeichen aufmerksam geworden.

Ähnlich waren in Europa nicht die alphabetischen Schriften das entscheidende Motiv, Lautanalysen anzustellen, sondern ebenfalls die Feststellung, daß die gleichen Wörter offensichtlich in verschiedenen Mundarten und noch mehr in benachbarten Sprachen teilweise verschieden ausgesprochen werden. Weiter angetrieben wurden die vergleichenden Lautstudien dann durch das wachsende Interesse am Abstammungsverhältnis zwischen den verschiedenen »Stämmen« und »Völkern«. Die Phonologie (»Lautlehre«) war zunächst eine genetische Disziplin (interessiert am Lautwandel) und entwikkelte sich erst später zu einer systematischen Strukturwissenschaft.

Es wäre verwunderlich, wenn in einer Sprache mit so einfachen Silbenstrukturen, wie sie für die chinesische charakteristisch sind, die einzelnen Laute, An- und Auslaut im beson-

---

66 Humboldt ist dies nicht entgangen (siehe 5.114f.). Humboldt führt auch einen bemerkenswerten Grund an, weshalb die chinesische Schrift nicht zu einer alphabetischen entwickelt wurde: »Da die geredete Sprache die Töne nie ineinander verschlang, so war ihre einzelne Bezeichnung minder erfordert« (7.273). Wie weit es in China schon früher Reimanalysen gab und wie weit sie völlig unabhängig von der Kenntnis südasiatischer phonologischer Studien betrieben worden sind, ist nicht mit Sicherheit auszumachen.

deren, auch unabhängig von Dialektvariationen, keine Aufmerksamkeit auf sich gezogen hätten: *cao, dao, gao, hao, kao, lao, mao* usf. In keiner Sprache gibt es Gedichte und Wortspiele, in denen die Lautstruktur keine Rolle spielt. Immer wieder sind es Anlaut und Auslaut, die besonders auffallen und in Stabreimen oder Alliterationen und Endreimen ihre poetische Auswertung gefunden haben. Wenn in einem berühmten Gedicht von Li Bai (8. Jahrhundert) in den zwei ersten Versen *guang* und *shuang* Reimwörter sind, fällt nicht nur die Gleichheit von Silbengipfel und Auslaut auf. Mit ihrem Kontrast heben sich auch die beiden Anfangslaute *g* und *sh* voneinander ab. Ein namhafter Linguist, der von der Poetik herkommend zum Phonologen wurde, ist Roman Jakobson (vgl. Holenstein, 1975: 33 & 168 f.)

In diesem Zusammenhang ist auch nochmals auf die »koreanische Schrift« *Hangeul* hinzuweisen. Dieses in phonologischer Hinsicht perfekteste traditionelle Alphabet wurde im 15. Jahrhundert von Gelehrten geschaffen, die mit der chinesischen Wortsilbenschrift aufgewachsen sind und mit den phonologischen Analysen der chinesischen Reimlexika bestens vertraut waren (vgl. Ledyard, 1997: 36 ff.). Ihre Glanzleistung, die anschauliche und systematische Anzeige von Artikulationsort und -art der Konsonanten durch eine entsprechende Gestaltung der Buchstaben, bleibt auch dann bewundernswert, wenn man annimmt, daß ihre Schöpfer nicht völlig ohne Kenntnis anderer alphabetischer Schriften waren. Die koreanische Schrift ist ein weiteres Beispiel dafür, daß die Adaption von Schriften, die für andere Sprachen entwickelt worden sind, in diesem Fall für die chinesische und die mongolische Sprache, auf die eigene Sprache mit ihrer besonderen Lautstruktur, zu einem Fortschritt in der Schriftentwicklung führen kann.

Schrift – Sprache – Ideen – Sachen
Ein- oder mehrliniges Verhältnis?

Zu Beginn seines kurzen, die Sprachphilosophie im westlichen Teil der »Alten Welt« jedoch jahrhundertelang bestimmenden Texts *Peri hermeneias (De interpretatione)* erörtert Aristoteles das Verhältnis zwischen Schrift, Sprache, seelischen Eindrücken und den Sachen, von denen die Sprache handelt. Grapheme sind Zeichen *(symbola, notae)* für das, »was in der Stimme« ist; »was in der Stimme ist« sind Zeichen für »die Eindrücke *(pathêmata, passiones)* in der Seele«, die ihrerseits Ebenbilder *(homoiomata, similitudines)* von Sachen sind. Es ergibt sich so eine gerade Linie:

ta graphomena	→ ta en te phone	→ ta en te psyche	→ pragmata
ea quae scribuntur	→ ea quae sunt in voce	→ ea quae sunt in anima	→ res[67]
Geschriebenes	→ was in der Stimme ist	→ was in der Seele ist	→ Sachen

Kwan (2001: 203 ff.) kontrastiert dieses geradlinige Verhältnis, von ihm auf drei Relata verkürzt, mit einem Dreiecksverhältnis zwischen Bedeutung *(yi)*, Laut *(yin)* und Schrift *(xing)*. Nicht die Verkürzung auf drei Relata ist problematisch. Es gibt dafür gute Gründe.[68] Unhaltbar ist in Kwans Diagramm vielmehr die Reduktion der gesprochenen Sprache

---

67 Lateinische Übersetzung nach Boethius.

68 Vgl. Chad Hansens Kritik (1993) an der aristotelischen Auffassung, daß sich Sprache und Schrift über »Ideen« auf die Dinge beziehen, in anschaulicher Abstützung auf die überlieferte Entstehungsgeschichte der chinesischen Schrift. Hansens Darlegung ist hilfreich, auch wenn man seine an Wittgenstein orientierte »antimentalistische« Semantiktheorie nicht voll teilt und in Anlehnung an Phänomenologie und *Cognitive Science* mentalen Vorstellungen sowohl in der Wahrnehmungslehre wie in der Sprachtheorie eine konstitutive Rolle zuschreibt.

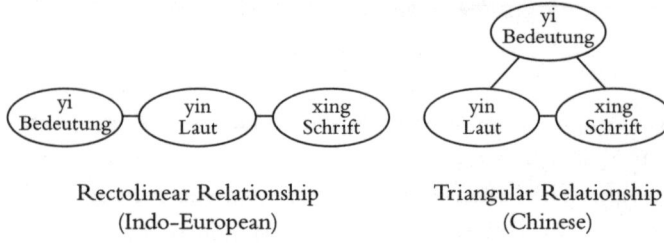

Rectolinear Relationship   Triangular Relationship
(Indo-European)   (Chinese)

Fig. 1: Kwans Diagramme

auf ihren Lautaspekt. Ebenso fragwürdig ist seine Meinung, das rektilineare Verhältnis sei für die indoeuropäischen Sprachen charakteristisch, das trianguläre dagegen für das Chinesische.

Mit dem Dreieck will Kwan zum Ausdruck bringen, daß im Chinesischen beide, Schriftzeichen und gesprochenes Wort, sozusagen »auf gleichem Fuß« als Zeichen für eine Idee fungieren. Er kann sich dabei auf eine Passage in Saussures *Cours* berufen.[69] Es ist ihm nicht entgangen, daß nach Saussure das schriftliche Wort auch in Sprachen mit alphabetischen Schriften in Abhängigkeit von besonderen Umständen die Stelle des mündlichen einzunehmen tendiert. Der Unterschied

69 Saussure, a.a.O., § 3: »Pour le Chinois, l'idéogramme et le mot parlé sont au même titre des signes de l'idée; pour lui l'écriture est une seconde langue, [...]. Zu Beginn desselben Paragraphen schreibt Saussure: »Ce signe [idéographique] se rapporte à l'ensemble du mot, et par là, indirectement, à l'idée qu'il exprime.« In diesem einleitenden Satz vertritt Saussure mit aller wünschenswerten Deutlichkeit für Schriften wie die chinesische eine geradlinige Beziehung zwischen Schriftzeichen, gesprochenem Wort und Idee. Er nennt die chinesische Schrift zwar, wie zu seiner Zeit üblich, »ideographisch«, beschreibt sie jedoch unmißverständlich als eine logographische Schrift.

ist nur ein gradueller. In bezug auf das Verhältnis zwischen Lautsprache und Schrift besetzt die chinesische Sprache heute sicherlich das eine Ende der Skala. Aber es ist keineswegs so, daß die europäischen Sprachen am anderen, entgegengesetzten Ende plaziert sind. In Ländern mit einer nach wie vor lebendigen mündlichen Tradition hat die schriftliche Sprache die mündliche weit weniger überformt und aus traditionellen Domänen verdrängt als in Europa und Amerika.

Für Aristoteles und seine mittelalterlichen Interpreten war es selbstverständlich, daß Laute nur dank dessen, »was in den Lauten ist«, als Zeichen für mentale Vorstellungen fungieren, d. h. nur weil sie, die Laute, als Wörter erfaßt werden. Thomas von Aquin vermerkt in seinem Kommentar (1270/71) zu Aristoteles' Schrift eigens: »Dicat, ›ea quae sunt in voce‹, et non, ›voces‹.«[70] Wörter haben immer zwei Aspekte, einen wahrnehmbaren und einen gedachten. Gesprochene Wörter haben einen phonischen und einen semantischen Aspekt, eine Lautgestalt und eine Bedeutung.[71] Geschriebene Wörter ha-

---

70 »Er [Aristoteles] sagt ›was in der Stimme ist‹ und nicht ›Laute‹.« – *vox* und *voces* sind wie *phone* und phonai je nach Kontext mit *Stimme(n)* oder *Laut(e)* übersetzbar. In der Stimme sind, so Thomas von Aquin, *nomina* und *verba* und Instanzen anderer Wortkategorien.

71 Im lebendigen Sprachgebrauch sind die beiden Aspekte derart miteinander verbunden, daß wir den Doppelaspekt gar nicht bemerken, ähnlich wie uns in der alltäglichen Leiberfahrung die Doppelnatur unseres Leibes als physikalischer Körper und erlebter Leib nicht bewußt wird. Man denkt an Descartes' Beschreibung unserer Selbsterfahrung als Leibseelewesen, wenn wir Schmerz-, Hunger- und Durstempfindungen erfahren: »Je suis conjoint [à mon corps] très étroitement et tellement confondu et mêlé, que je compose comme un seul tout avec lui« (Méditation 6e, 1647: AT IX, 64; lateinisches Original: 1641: AT 81). Im vorliegenden Kontext erinnert Descartes' Beschreibung ihrerseits an Saussures Darstellung des Verhältnisses zwischen geschriebenem und gesprochenem Wort: »Le mot écrit se mêle si intimement au mot parlé dont il est l'image, qu'il finit par usurper le rôle premier« (a.a.O., § 2).

ben analog einen visuellen und einen semantischen Aspekt, eine graphische Gestalt und eine Bedeutung.[72] Für die Bedeutung gibt es in allen gesprochenen Sprachen und in allen Schriften wahrnehmbare Indizien, wenn auch in unterschiedlichen Hinsichten und in unterschiedlichem Ausmaß, wie es im Abschnitt »Logographie in Alphabetschriften« ausgeführt wurde.

Der semantische Aspekt ist in einer Vielzahl der chinesischen Schriftzeichen visualisiert, wenn eine ikonische oder eine sinnbildliche Beziehung zwischen der Gestalt des Schriftzeichens und der Sache erkennbar ist, für die das vom Schriftzeichen bezeichnete Wort steht. Eine Assoziation aufgrund einer ikonischen oder symbolischen Beziehung ist jedoch für den Gebrauch einer visuellen Figur als Schriftzeichen weder hinreichend noch notwendig. Entscheidend ist dafür vielmehr die (zu einer Konvention gewordene) Intention, die Figur als Schriftzeichen für ein Wort zu gebrauchen. Die Assoziation erleichtert dabei nur das Erfassen des mit dem Schriftzeichen gemeinten Wortes und fungiert anschließend (wie eine »Eselsbrücke« beim Lernen neuer Wörter) als Merkhilfe. Die semantische Komponente eines Logogramms ist auch nicht mit der vollen Bedeutung oder Definition des bezeichneten Wortes zu verwechseln. Sie erschöpft diese in der Regel so wenig, wie die wörtliche Bedeutung eines deskriptiven Ausdrucks (z. B. *Fahrrad, Handschuh*) dessen unverkürzte Definition wie-

72 Die Dinge, auf die sich die Wörter beziehen, haben gleichfalls zwei Aspekte. Sie erscheinen, in Husserls Sprache, als ein *Dieses* und ein *Solches,* in scholastischer Sprache als ein *haec* (»dies«) und als ein *quid* (»was«). Dieser Unterscheidung entspricht die semiotische Unterscheidung zwischen dem *Gegenstandsbezug (Referenz)* und der *Bedeutung* eines Zeichens. Von dieser Unterscheidung wird im Folgenden abgesehen. Die Verhältnisse sind ohne sie schon komplex genug.

dergibt, so daß jeder, der den Ausdruck zum ersten Mal hört, sofort und zweifelsfrei zu erfassen vermag, was mit ihm gemeint ist. Die Gestalt der Schriftzeichen ist häufig derart verkürzt oder zusammengeschrumpft, daß nicht mehr ohne Erklärung erkennbar ist, was mit ihr gemeint ist. Selbst, wenn sie noch erkennbar ist, liest man allermeist über sie hinweg, weil unabhängig von der Gestalt, allein aufgrund des häufigen Gebrauchs, längst geläufig ist, welches Wort gemeint ist. Die Ähnlichkeitsassoziation ist durch eine Häufigkeitsassoziation abgelöst worden. Bei gesprochenen Ausdrücken ist es nicht anders. Ihre Bedeutung hat sich längst von dem abgelöst, was die Wörter, aus denen sie zusammengesetzt sind, insinuieren. Wer denkt bei *Kirmes* noch an *Kirchmesse,* bei *Montag* an *Mondtag* oder bei *vielleicht* an die beiden Wörter *viel* und *leicht?*

Daß der Abbild- oder Sinnbildcharakter der Schriftzeichen verblaßt ist oder völlig übersehen wird, ist möglicherweise sogar von Vorteil. Humboldt[73] vertrat die Ansicht, daß »Schriftzeichen, die Bilder sind«, unmöglich das reiche Beziehungsnetz wiederzugeben vermögen, das zwischen gesprochenen Wörtern besteht.[74] Eine Bilderschrift mit ihrer Klassifikation der Gegenstände »stört das reine und freie Denken«, das von der Lautsprache gerade in Gang gebracht wird.[75]

73 5.51, 111 & 114. vgl. auch 5.54 & 300 f.

74 »Es ist unmöglich, Schriftzeichen, die Bilder sind, einen der Verwandtschaft der Begriffe entsprechenden Zusammenhang zu geben; [...].«

75 Eine ähnliche negative Wirkung schreibt Humboldt künstlichen Begriffsschriften zu.

Daß jede Bilderschrift durch Anregung der Anschauung des wirklichen Gegenstandes die Wirkung der Sprache stören muß, statt sie zu unterstützen, fällt von selbst in die Augen. Die Sprache verlangt auch Anschauung, heftet sie aber an die, vermittelst des Tones, gebundene Wortform. [...] Wenn sich das Bild zum Schriftzeichen aufwirft, so drängt es unwillkürlich dasjenige zurück, was es bezeichnen will, das Wort.« Eine Buchstabenschrift dagegen »stört die reine Gedankennatur der Sprache nicht, sondern vermehrt vielmehr dieselbe durch den nüchternen Gebrauch an sich bedeutungsloser Züge.

Man denkt bei Humboldts Ausführungen heute unwillkürlich an den Einfluß, den die Verfilmung eines Romans auf dessen Lektüre hat. Das fluktuierende Netz von Assoziationen und Konnotationen, das die Lektüre eines Romans aufspannt, wird durch die filmische Visualisierung der beschriebenen Vorkommnisse und Vorstellungen spürbar beschnitten und verhärtet. Alternative Interpretationen, die zuvor in der Schwebe blieben, scheiden aus. Neue mögen an ihrer Stelle geweckt werden und einen gewissen Ausgleich schaffen. Welchen man den Vorzug gibt, mag dahingestellt bleiben. Der Sinngehalt der beiden semiotischen Medien deckt sich jedenfalls nicht. Sie stützen einander nicht nur, sondern kommen sich auch immer wieder in die Quere.

Augenfällige semantische Komponenten sind keine Besonderheit von Logogrammen piktoraler Gestalt. Auch Alphabetschriften transportieren sichtbar, so haben wir gesehen, semantische Information. Großbuchstaben und visuelle Morpheme waren dafür Paradebeispiele. Auch die Lautstruktur von gesprochenen Wörtern kann semantisch informativ sein, sei es, weil sie (wie die »visuellen Morpheme« in schriftlichen Tex-

ten), die morphologische Struktur der Äußerungen wahr-
nehmbar macht,[76] sei es dank lautsymbolisch wirksamen Ähn-
lichkeitsassoziationen mit den bezeichneten Sachen.[77]

Das Verhältnis zwischen Schrift, gesprochener Sprache und
beschriebenen und besprochenen Sachen, das Schriftkundige,
wenn sie lesen, problemlos beherrschen, macht einen über-
komplexen Eindruck, sobald wir anfangen, es zu analysieren.
Zu seiner diagrammatischen Veranschaulichung reicht weder
eine gerade Linie noch ein einfaches Dreieck aus. Am ange-
messensten illustriert man das Beziehungsnetz zwischen einem geschriebenen Wort, einem gesprochenen Wort und der
Sache, auf das sich dieses bezieht, mit zwei übereinanderge-
stellten Rhombi.

76 Man kann bei mündlichen Äußerungen analog von »auditiven
Morphemen« sprechen. Gewisse Lautkombinationen sind besonders typisch für Affixe und Suffixe.
77 Vgl. die Erörterung einer Vielzahl von (oft unbewußt wirksamen)
Lautsymbolismen in Jakobson & Waugh, 1979: Chapter IV (»The Spell
of Speech Sounds«).

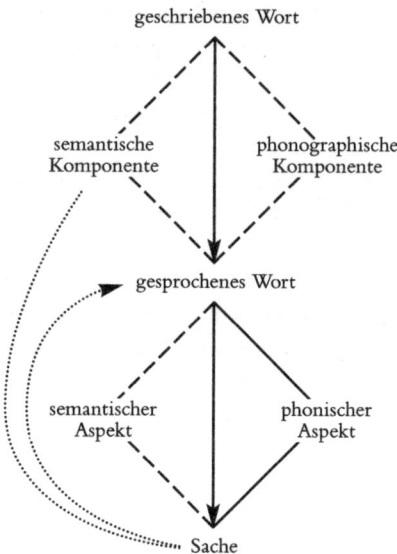

Fig. 2: Holensteins Diagramm

Was ein Schriftzeichen oder eine Kombination von Schriftzeichen zu einem Zeichen für ein Wort und desgleichen einen Laut oder einer Abfolge von Lauten zu einem sprachlichen Zeichen für eine Sache macht, ist allein die Intention, sie als solche zu gebrauchen.[78] Diese Intention wird im Diagramm durch die massiven kontinuierlichen Linien, die mit einer Pfeilspitze versehen sind, veranschaulicht. Sie bilden die Diagonalen der beiden Rhombi. Eine Abbildbeziehung ist weder hinreichend noch notwendig, um eine Graphik oder ein Lautgebilde als ein Zeichen für etwas zu verstehen. Ein Logogramm

78 Für Liebhaber von Sparsamkeit und Monovalenz wäre es am besten, wenn sich die Beziehung zwischen einem Zeichen und seinem Bezugsgegenstand auf diese intentionale Beziehung beschränken würde, d. h. wenn alle Zeichen, lautsprachliche wie schriftliche, willkürliche Zeichen wären.

braucht weder eine als solche erkennbare semantische noch eine als solche erkennbare phonographische Komponente aufzuweisen, um als Wortzeichen verstanden zu werden. Solche Komponenten helfen nur zu erfassen, auf welches Wort sich das Logogramm bezieht.[79] Ebensowenig braucht ein gesprochenes Wort einen sinnlich wahrnehmbaren semantischen Aspekt (aufgrund einer heraushörbaren morphologischen Struktur oder in der Form einer lautlichen Ähnlichkeit mit der bezeichneten Sache) aufzuweisen, um als Wort verstanden zu werden. Der fakultative Charakter der Beziehung eines geschriebenen Wortes zu einem gesprochenen über eine als solche erkennbare semantische und/oder phonographische Komponente und der gleichfalls fakultative Charakter der Beziehung eines gesprochenen Wortes über einen als solchen erkennbaren semantische Aspekt zur gemeinten Sache wird im Diagramm mit gestrichelten Linien veranschaulicht. Ein phonischer Aspekt ist dagegen per definitionem für ein gesprochenes Wort konstitutiv. Die Beziehung des Wortes über seinen phonischen Aspekt zur bezeichneten Sache wird deshalb mit dünnen kontinuierlichen Linien veranschaulicht. Zwischen der semantischen Komponente eines Logogramms und der Sache, für die das gesprochene Wort steht, besteht eine Abbild- oder eine Sinnbildbeziehung. Ihre Funktion ist es, das Wort erkennbar zu machen, für welches das Logogramm steht. Dank dieser Abbild- oder Sinnbildbeziehung kann das Logogramm aber auch sekundär als Piktogramm oder Ideogramm für die entsprechende Sache verstanden und gebraucht werden.[80] Die entsprechende Beziehung zwischen der semantischen Komponente und der ihr entsprechenden Sache ist im Diagramm mit einer geschwungenen gepunkteten Linie um den potentiellen semantischen

79 Für Liebhaber von Redundanz, Plurivalenz und Ausdrucksreichtum sind die chinesischen Schriftzeichen, die sowohl eine semantische als auch eine phonographische Komponente enthalten, optimale Instanzen von Schriftzeichen.

80 Sobald wir unsere Aufmerksamkeit und unser Interesse dem Abbild- oder Sinnbildcharakter eines Logogramms zuwenden, lenkt uns das von der primären Funktion des Logogramms ab, die darin besteht, ein Zeichen für ein Wort zu sein.

Aspekt des gesprochenen Wortes herum wiedergegeben. Die gepunktete Linie führt von der Sache zum gesprochenen Wort zurück. Damit soll zum Ausdruck gebracht werden, daß die Abbild- oder Sinnbildbeziehung zwischen dem geschriebenen Wort und der vom gesprochenen Wort bezeichneten Sache die Funktion hat, kenntlich zu machen, auf welches Wort sich das Logogramm bezieht, eben auf dasjenige, das für die Sache steht, mit dem es diese Abbild- oder Sinnbeziehung unterhält.

Einer der Gründe, weshalb wir so leicht den Eindruck haben, ein Schriftzeichen, zumal eines, das sich als Abbild oder Sinnbild einer Sache präsentiert, beziehe sich unmittelbar auf etwas in der Welt, und nicht auf das Wort, für das es an erster Stelle steht, mag am speziellen Bewußtsein liegen, das wir von Zeichen haben, wenn wir von ihnen einen gewohnheitsmäßigen Gebrauch machen. Sartre (1943: 395) hat dieses Zeichenbewußtsein prägnant beschrieben: »Le signe est *le dépassé vers la signification,* ce qui est négligé au profit du sens, ce qui n'est jamais saisi pour soi-même, ce au-delà de quoi le regard se dirige perpétuellement.«[81] Das Zeichenbewußtsein ist mit unse-

---

[81] Humboldt scheint auf den ersten Blick gegenteiliger Ansicht zu sein. Man darf nach ihm »nie vergessen, daß die Wörter zwar ihrer ursprünglichen Bestimmung nach Zeichen sind, allein im Gebrauch [...] ganz an die Stelle der Gegenstände selbst treten, die im Denken nicht so, wie die Natur es tut, noch so, wie ihre Definition sie als Begriffe bestimmt, sondern so, wie es dem Sprachgebrauche der Wörter gemäß ist, begrenzt werden« (5.50 f.). Als sprachlicher Determinist (und Relativist) ist Humboldt jedoch der Auffassung, daß der Mensch mit Gegenständen lebt, jedoch »hauptsächlich« oder »sogar ausschließlich so, wie die Sprache sie ihm zuführt« (7.60). Wir beziehen uns nach ihm mit unseren Wörtern auf immer schon von diesen geformte Gegebenheiten. Zur Fragwürdigkeit dieses sprachlichen Determinismus und Relativismus siehe Holenstein, 1998: 260 ff., & 2008.

rem Leibbewußtsein vergleichbar. Wenn wir in einer Arbeit aufgehen, denken wir nicht an unseren Körper und seine Organe, die Augen und Hände, die »Werkzeuge« unserer Verrichtungen, sondern an die Materialien, die wir bearbeiten, und an das, was wir mit ihnen vorhaben. Der Leib als solcher ist *dépassé*, übergangen. Analog ist nicht nur das geschriebene Wort, sondern auch das gesprochene Wort, das durch das geschriebene repräsentiert wird, im fließenden Lesen übergangen – zumindest bis zu einem gewissen Grad. Wir achten nicht auf die Wörter als solche, sondern auf das, was mit ihnen gemeint ist. Sie sind zwar nicht völlig ausgeblendet, aber doch unterbelichtet. Wenn wir wiedergeben sollen, was wir gelesen haben, sind wir selten fähig, das Gelesene Wort für Wort zu wiederholen. Wir sind aber fähig, es sinngemäß wiederzugeben. Es bleibt uns überwiegend nur so, sinngemäß und nicht wörtlich, im Gedächtnis haften.

Man muß sich hier jedoch vor Vereinfachungen hüten. Es ist eine gut belegte Tatsache, hörbar und physiologisch meßbar, daß wir beim Lesen die Lautsprache nicht ganz und gar »überspringen«. Und sicher haben es die Menschen nicht getan, als sie die Schrift erfanden. Bis in die Neuzeit hinein war es üblich, laut zu lesen. Kinder tun es immer noch. Die meisten Menschen haben sich angewöhnt, für sich allein nur mehr stillschweigend zu lesen. Aber nachweislich bewegen wir unsere Lippen und inneren Artikulationsorgane beim Lesen noch immer zumindest ansatzweise.

Wir achten vermehrt und auch direkt auf den Wortlaut, wenn wir Gedichte hören oder lesen. Wie etwas gesagt wird, ist in der Poesie ebenso wichtig und manchmal wichtiger, als was gesagt wird. Analoges gilt für die Kalligraphie. Das Augenmerk gilt dem Stil und der Eleganz der Pinselstriche und nicht der Bedeutung der Schriftzeichen und ihrer Komponenten. Für europäische und amerikanische Liebhaber von Schriften, deren Grapheme einen Abbild- oder Sinnbildcharakter bewahrt haben, ist es eine herbe, desillusionierende Enttäuschung, wenn sie feststellen, eine wie geringe Rolle in chinesischen und japanischen Gedichten diese Schriftzeichen mit ihren anschaulichen semantischen Komponenten spielen.[82] Zwei Erklärungen fallen dazu ein: (a) Gedichte werden noch immer primär gesprochen oder auch gesungen. Von den Dichtern werden sie nur behelfsmäßig und meistens nachträglich geschrieben.[83] (b) Humboldt hat wohl recht, wenn er meint, eine »Bilderschrift« behindere und störe mit der begrenzten Art, wie Bilder in einem schriftlichen Text allein angeordnet werden können, den freien Gedankengang, dem die gesprochene Sprache (und desgleichen eine Alphabetschrift mit ihren abstrakten, je nach Ansicht »sinnlosen« oder »sinnfreien« Zeichengestalten) förderlich ist. Eine »Bilderschrift« vermag offensichtlich nicht nur ein systematisches Denken in wissen-

82 Ich teile diese Enttäuschung. Zur Überinterpretation von chinesischen und japanischen Gedichten in bezug auf die verwendeten piktoralen Schriftzeichen vgl. Kennedy, 1958. Geschriebene chinesische und japanische Gedichte sind keine senkrecht aneinandergereihten Streifen von Miniaturbildern (eine Art vormoderne *strip cartoons*), die kunstvoll mit dem interagieren, was die gesprochenen Verse auf ihre Weise zum Ausdruck bringen.

83 In einem der berühmtesten Gedichtwettstreite Chinas, 353 im »Orchideenpavillon« *Lanting* bei Shaoxing in Zhejiang abgehalten, komponierten die Dichter ihre Verse nicht mit einem Pinsel in der Hand, sondern mit einer Tasse *Shaoxing jiu* (Reiswein). Nach dem Ende des Festgelages sollen 16 der 42 Teilnehmer derart betrunken gewesen sein, daß sie nicht in der Lage waren, ihre spontanen Kreationen niederzuschreiben. Von einer kunstvollen Korrespondenz zwischen den »poetischen Figuren« der Gedichte und der piktoralen Komponenten der Schriftzeichen ist nichts überliefert, obwohl Wang Xizhi, der Initiator des Wettstreits, als einer der berühmtesten Kalligraphen in die Geschichte eingegangen ist.

schaftlichen Begriffen zu beeinträchtigen, sondern auch das poetische Spiel mit Worten und deren vielfältigen Konnotationen und Bildassoziationen.

Redundanz in Sprache und Schrift

Eine wohlbekannte und wohlfundierte Losung in Mathematik und Physik, zitiert in Wittgensteins *Tractatus logico-philosophicus* (5.4541), lautet: *Simplex sigillum veri:* Einfachheit ist ein Sigel der Wahrheit. Die Losung ist in den Lebenswissenschaften, die Humanwissenschaften mit eingeschlossen, nur eine halbe Wahrheit. Sie gilt für das physikalische Substrat ihrer Forschungsobjekte, solange man es kontextfrei betrachtet, unabhängig von seinen Funktionen in Lebewesen und kulturellen Kreationen. Bereits die Basis aller Lebewesen, der genetische Code, ist, von der Anzahl seiner Zeicheneinheiten abgesehen, alles andere als einfach strukturiert. Er ist voller Redundanz. Sparsamkeit ist kein Prinzip, das den ständig wechselnden Lebensbedingungen angepaßt ist. Nicht die erste der drei klassischen wissenschaftsphilosophischen Maximen (das Sparsamkeitsprinzip, »Ockhams Rasiermesser«) ist den Lebenswissenschaften am meisten angemessen, sondern die ihm entgegengesetzte zweite. Kant, weniger reduktionistisch eingestellt als der frühe Wittgenstein, zitiert sie in der *Kritik der reinen Vernunft* (A656/B684): *entium varietates non temere esse minuendas:* Die Mannigfaltigkeit dessen, was ist, soll nicht mutwillig vermindert werden. Die Mannigfaltigkeit der Mittel, mit denen Lebewesen ihre Funktionen erfüllen und Menschen ihre Ziele zu erreichen streben, ist nicht zu unterschätzen.

Für Mittel und Wege gilt, daß sie in der Regel zur Erreichung mehrerer Ziele benutzbar sind. Und für Ziele gilt, daß sie mit mehreren Mitteln und über verschiedene Wege erreicht werden können. In der ersten Hinsicht erweisen sich die Mittel und Wege als mehrwertig, in der zweiten als gleichwertig.[84] Selbst wenn Schrifthistoriker wie Boodberg, Boltz und DeFrancis recht haben, wenn sie glauben, nachweisen zu können, daß manche Zeichenkomponenten, die heute allgemein semantisch gedeutet werden, ursprünglich die Lautstruktur eines Wortes anzeigten, bleibt es eine (von ihnen auch nicht bestrittene, sondern nur abgewertete) historische Tatsache, daß sie während Jahrhunderten zugleich oder gar ausschließlich als Indikatoren für die Bedeutung der Zeichen gelesen wurden. Für solche volksetymologische Umdeutungen gilt, was Roman Jakobson (1960: 44) für die Poesie als Grundsatz aufgestellt hat:

Any conspicuous similarity in sound is evaluated in respect to similarity and/or dissimilarity in meaning.[85]

Wenn es ein gleichlautendes Wort *an* mit der Bedeutung »Frau« und mit der Bedeutung »Frieden« gibt, erwarten sensible Sprecher und Hörer naiv und spontan einen Sinnzusammenhang, sobald sie das Schriftzeichen für »Frau« als Komponente im Schriftzeichen für »Frieden« sehen. Warum sollte eine Zeichenkomponente nur *eine* Funktion haben? Selbst wenn die Komponente für die Schöpfer des komplexen Schriftzeichens

---

84 Plurifunktionalität (Mehrwertigkeit) und Äquivalenz (Gleichwertigkeit) sind zwei fundamentale Gesetzmäßigkeiten für jede Funktionalanalyse in den Lebens- und in den Kulturwissenschaften. Vgl. dazu Holenstein, 1979 und 1983.

85 Vgl. Ickler, 1997: 20: »*Volksetymologien* entspringen dem [sprachpragmatisch verständlichen und somit legitimen] Wunsch der Sprecher, fremde oder im Laufe der Zeit undurchsichtig gewordene Wörter mit anderen, bekannteren Wörtern in einen Zusammenhang zu bringen und dadurch wieder durchsichtig und verstehbar zu machen.«

für »Frieden« allein eine phonographische Funktion hatte, ist die Tatsache, daß sie sehr rasch eine sekundäre semantische Funktion übernommen hat, die dann im Verlauf der Geschichte zu ihrer ersten und schließlich gar zu ihrer einzigen Funktion wurde, als ein schriftgeschichtliches Faktum zu würdigen. Die Biologie kennt unzählige Organe, bei denen es im Verlauf der Entwicklung zu einem vergleichbaren Funktionswandel gekommen ist.

Wissenschaftlich eingestellte Forscher neigen zu einer Bevorzugung und Überschätzung (a) von eindeutigen (»univoken«) Zeichen und (b) des Ursprungs eines Phänomens im Unterschied zu seinen späteren strukturalen Abwandlungen und funktionalen Umwandlungen. Univoke Zeichen sind ein Ideal in wissenschaftlichen Abhandlungen, aber nicht unbedingt in geschichtlich gewachsenen multifunktionalen Gebilden, wie es Sprachen und Schriften sind. Eine Präferenz für die Anfangsstadien einer Schrift ist verständlich, wenn man wie die alten Ägypter an eine göttliche Kreation oder Offenbarung der Schrift glaubt oder wenigstens wie die alten Chinesen an ihre Erfindung durch einen genialen Minister der »Vorzeit« im Auftrag des mythischen »Gelbkaisers« Huang Di. Bei einer kulturellen Gegebenheit können nachträgliche Umwandlungen für ihren heutigen Gebrauch wichtiger und aufschlußreicher sein als ihre Ursprungsform und ihre anfängliche Funktion.

In dieser Hinsicht haben auch die Liebhaber und Verteidiger der bildhaften Aspekte der chinesischen Schrift eine Knacknuß. Wie kommt es dazu, daß entgegen der allgemein-menschlichen Tendenz, in abstrakten Malereien und Zeichnungen konkrete Figuren zu suchen und dann auch zu finden, viele chinesische Schriftzeichen im Verlauf der Zeit derart vereinfacht und stilisiert worden sind, daß sie kaum mehr als ikonische oder sinnbildliche Zeichen erkennbar sind? Folgende Erklärung bietet sich an: Je vertrauter die Bedeutung eines Schriftzeichens ist, desto weniger braucht sie durch eine ikonische oder diagrammatische Gestalt gestützt zu werden.[86] Je geläufiger die zu einer Konvention gewordene Intention ist, mit der ein Schriftzeichen gebraucht wird, desto weniger bedarf sie der Förderung durch eine Ähnlichkeits- oder Sinnbildbeziehung zwischen dem Zeichen und der mit ihm direkt oder indirekt bezeichneten Sache. Je selbstverständlicher im Hinblick auf das oben wiedergegebene Diagramm die Mittellinie in den Rhombi ist, desto entbehrlicher werden die Seitenlinien.

Der Sprachphilosoph Paul Grice hat 1969 (26 f.) eine Reihe von pragmatischen Konversationsmaximen formuliert und das semantische Potential untersucht, das mit ihrer Nichteinhaltung verbunden sein kann. Einschlägig sind in unserem Zusammenhang die folgenden Maximen:

Do not make your contribution more informative
   than is required.
Avoid ambiguity.
Be brief.
Be orderly.

Die Natur hat sich von vornherein nicht an diese Maximen gehalten, als sie den genetischen Code zustande kommen ließ, dem wir unser Leben und unsere Fähigkeit zu sprechen und

---

86 Analoges gilt für die alphabetischen Schriften. Je geläufiger es geworden ist, welches Wort mit einer Kombination von Buchstaben gemeint ist, desto unwichtiger ist eine Eins-zu-eins-Beziehung zwischen den Buchstaben des geschriebenen und den Lauten des gesprochenen Wortes.

zu schreiben verdanken. Glücklicherweise ist die Menschheit nicht nach ihnen normiert worden. An sie gebunden hätte sie keine Sprache hervorzubringen und keine Schrift zu schaffen vermocht. Wie weit wir uns unwillkürlich oder gezielt an sie halten oder gerade nicht halten, hängt vom jeweiligen Kontext, von unseren Zielen und unserem Talent und Temperament ab. Redundanz hat nicht nur die Funktion, die Übermittlung von Nachrichten in einer geräuschvollen Umgebung zu sichern. Redundanz erweitert, beabsichtigt oder nicht, den Assoziationsreichtum und damit auch das Inspirationspotential sprachlicher Äußerungen.

Für Sprachwissenschaftler wie Roman Jakobson und seine Kollegen im *Cercle linguistique de Prague* waren »pragmatische« Maximen vom Typ der *Gricean conversational maxims* von Anfang an nicht die alleinigen Leitlinien bei der Erforschung der Geschichte der Sprachen und der Freilegung ihres multifunktionalen Gebrauchs. Kooperation mit so wenig Aufwand wie möglich ist nicht das einzige Ziel menschlicher Konversation. Ihr besonderes Interesse galt der poetischen Funktion der Sprache, die von den meisten anderen »funktionalistischen Linguisten« außer Acht gelassen worden ist. Dieses Interesse bewahrte sie vor einem übervereinfachten Sprachverständnis. Puristische Sprach- und Schriftreformen lagen ihnen entsprechend fern, allen voran solche, von denen die Veranlagung und Neigung der Menschen zu einem plurifunktionalen Gebrauch ihrer Zeichensysteme verkannt wurde. Einer Schriftreform mit dem erklärten Ziel, »die Schreibung vom Transport semantischer Informationen zu entlasten«, hätten sie als ein das natürliche Ausdruckspotential und -bedürfnis der Menschen einengendes und verarmendes Korsett empfunden und ihr von vornherein ein Scheitern vorausgesagt. Was Roman Jakobson mit den pathetischen Worten, zu denen er, in

Moskva aufgewachsen, fähig war, über die Dichter schrieb, läßt sich ohne große Einschränkung auf alle natürlich begabten Schreiber ausdehnen:

> A dynamized tension [...] is superimposed [...] by poets upon their creations destined: to overcome the palling flatness and univocity of verbal messages, to curb the futile and impoverishing attempts aimed at »disambiguation«, and to affirm the creativity of language liberated from all infusion of banality.[87]

Zum Abschluß
Chinesisches in der Maya-Schrift
oder
Die Menschheit als eine globale Verständigungsgemeinschaft

In der zweiten Hälfte des 19. Jahrhunderts war mit einigem Publikumserfolg die pseudowissenschaftliche These vertreten worden, daß die Maya-Kultur mit ihren imposanten Pyramiden und Hieroglyphen von phoinikischen Seefahrern aus Ägypten nach Mexiko gebracht worden sei. Es war die Blütezeit eines kulturtheoretischen Pandiffusionismus, nach dem sich sämtliche »höheren« Kulturgüter von einem Ort, von Ägypten, Babylon oder von einem untergegangenen Atlantis, aus über die ganze Erde ausgebreitet hätten.

Auch manche Wissenschaftler und Philosophen hielten die Angehörigen der vorkolumbischen Kulturen Amerikas nicht für fähig, eigenständig eine Schrift im vollen Sinn des Wortes zu schaffen. Noch Karl Jaspers hatte 1949 (48) die Maya nicht anders als Hegel (1822 ff.: 108) zu den schriftlosen »Naturvöl-

---

87 Jakobson & Waugh, 1979: 230 f.

kern« geschlagen. Er konnte um die Mitte des 20. Jahrhunderts noch nicht wissen, daß ein kaum dreißigjähriger russischer Ethnologe im damaligen Leningrad, Iurii Knorozov (Juri Knorosow), auf dem Sprung war, die Maya-Schrift zu entschlüsseln und als eine vollständige Schrift, in der alles, was sprachlich mitteilbar ist, auch geschrieben werden kann, nachzuweisen. Die Entschlüsselung gelang Knorozov dank dreier kulturgeschichtlich höchst bedeutsamer, zu seiner Zeit jedoch noch überhaupt nicht allgemein anerkannter heuristischer Arbeitshypothesen.

Nach der ersten Hypothese kann davon ausgegangen werden, daß zwischen allen vollständigen Schriften und so auch zwischen der ägyptischen, der chinesischen und der Maya-Schrift trotz fehlender genetischer Verwandtschaft eine strukturale Vergleichbarkeit besteht. Die drei Schriften sind Mischsysteme, bestehend aus semantischen und phonographischen, konkreten und abstrakten Zeichen oder Zeichenbestandteilen. Es gibt für keine Sprache eine zugleich reine und vollständige Bilderschrift. Lautzeichen, syllabische oder alphabetische, sind unumgänglich. Die Schrift der Maya ist so wenig wie die ägyptische und die chinesische Schrift auf der untersten Stufe der Schriftentwicklung steckengeblieben.

Nach der zweiten Hypothese kann davon ausgegangen werden, daß zwischen der Sprache der »Hochkultur« der alten Maya und der Sprache der vermeintlich »primitiven Kultur« der heutigen Ureinwohner in den Wäldern Yucatáns und Guatemalas ein genealogischer Zusammenhang besteht. Entsprechend kann man auch von einer erhalten gebliebenen strukturalen Verwandtschaft in der Lautstruktur, in der Grammatik und im Wortschatz dieser Sprachen ausgehen. Sie sind eine nicht zu unterschätzende Hilfe bei der Entschlüsselung der alten Inschriften. Es ist ein Vorurteil, anzunehmen, die augen-

scheinlich auf einem niedrigen wirtschaftlichen Niveau lebenden Landesbewohner hätten nichts mit der so hoch eingestuf-
ten Kultur einer längst untergegangenen Epoche in ihrem Gebiet zu tun. Die bequeme Annahme ist aufzugeben, die
überlebenden Ureinwohner Mesoamerikas hätten den »Kulturgenies« der vergangenen Zeiten nur als Landarbeiter, Hand-
langer, Lastenträger und Haushilfen gedient, so wie sie nur
gerade in solchen Funktionen für manche ausländischen Ar-
chäologen von Interesse waren. Sie sind nicht unfähig, mit ihnen (so wenig wie mit den alten »Kulturgenies«) Sprache,
Schrift, Kultur und Zivilisation zu teilen.

Die methodologische Folgerung, die Knorozov aus den beiden heuristischen Hypothesen der strukturalen Ähnlichkeit der
Schriften in den verschiedenen und weit auseinanderliegenden
Regionen der Erde und der wahrscheinlichen genetischen
Kontinuität der Sprache in ein und derselben Region gezogen hatte, ist als dritte Arbeitshypothese festzuhalten: Es gibt
einen Stock von heuristischen Regeln, die in allen Kulturen
befolgt werden können, in denen man mit offensichtlich an-
einander erinnernden Interpretationsproblemen konfrontiert
ist. Obwohl es zwischen der Schrift der alten Ägypter und der
alten Maya keinen genetischen Zusammenhang gibt, konnte
sich Knorozov bei der Entzifferung der Maya-Schrift doch an
der Vorgehensweise, den Hypothesen und den Hilfsmitteln
orientieren, mit denen Jean-François Champollion 1822 den
Durchbruch in der Entschlüsselung der ägyptischen Schrift ge-
schafft hatte. Wie Champollion orientierte sich Knorozov an
seinen Kenntnissen der logosyllabischen Doppelstruktur der
chinesischen Schrift und darüber hinaus an der noch weiter
getriebenen Mischung von Wort- und Silbenzeichen im japanischen Schriftgebrauch. Wie Champollion (1824: 373 f.) angenommen hatte, daß ein aufschlußreicher Zusammenhang er-

halten geblieben ist zwischen der Sprache der alten Ägypter und der zeitgenössischen koptischen Landbevölkerung, ging Knorozov von einer Verwandtschaft zwischen den Sprachen der historischen und der überlebenden Maya aus.

Zu seinem Glück war dann Knorozov auch auf ein Analogon zum Rosetta-Stein[88] gestoßen, auf ein 1862 in einer Madrider Bibliothek wieder aufgefundenes vermeintliches »ABC« der Maya-Schrift, das der spanische Missionsbischof Diego de Landa in Yucatán um 1560 zusammenzustellen versucht hatte, indem er den Buchstaben der lateinischen Schrift die nach seiner Meinung entsprechenden piktoralen Zeichen der Maya-Schrift zuordnete. Trotz der fehlerhaften Zuordnungen und der Insinuation, die Maya-Schrift sei eine rein alphabetische Schrift, die manche Entzifferungsversuche in die Irre führten und scheitern ließen, verdankt Knorozov seinen Erfolg doch zu einem entscheidenden Teil diesem »De-Landa-Alphabet«.

Man kann sich kaum einen eindrücklicheren Beleg für den »philosophischen Glauben«[89] an die Menschheit als eine einzige große Verständigungs- und Kommunikationsgemeinschaft über alle Zeiten, Kontinente und offensichtlichen Entfaltungsmannigfaltigkeiten hinweg vorstellen als die Erfolgsgeschichte der Entzifferung der Maya-Schrift und die Arbeitshypothesen, mit denen Iurii Knorozov diese geglückt ist.[90] Obschon der geschichtliche Zusammenhang der menschlichen Bewohner

---

88 d. h. auf ein historisches Dokument mit derselben Information in einer bekannten und in der zu entziffernden Schrift.

89 Karl Jaspers hat sich als philosophischer Anwalt dieses Glaubens verstanden und in seiner nunmehr sechzig Jahre zurückliegenden Schrift *Vom Ursprung und Ziel der Geschichte* (1949) in imponierender Weise als solcher betätigt.

90 Eine leicht lesbare Nacherzählung dieser Story bietet Michael D. Coe, 1992.

der Erde in vielen Abschnitten unklar ist und dies in manchen wohl immer bleiben wird, ist doch offenkundig, daß die Menschen alle zusammen eine globale Verständigungsgemeinschaft bilden. Die einzelnen Kulturen mögen geschichtlich und geographisch noch so weit auseinanderliegen, eine Verständigung zwischen ihnen ist möglich. Die Völker der Alten und der Neuen Welt haben sich über mehr als zehntausend Jahre unabhängig und ohne Kenntnis voneinander entwickelt. Ihre Sprachen sind ineinander übersetzbar geblieben. Die Schriften, die sie in der Zwischenzeit unabhängig voneinander hervorgebracht hatten, wurden von ihnen nach denselben fundamentalen, von allen Menschen nachvollziehbaren Verfahren geschaffen.

Die Angehörigen der unterschiedlichsten Kulturen vermögen einander zu verstehen. Die Neugier, das noch nicht Erschlossene auch noch zu verstehen, läßt manchen von ihnen keine Ruhe.

Literatur

Aristoteles, um -360 bis -350, *Peri hermeneias* [Athen]; lateinische Übersetzung *De interpretatione* durch Boethius [Italia], 6. Jh.; *online:* http://individual.utoronto.ca/pking/resources/logica_uetus/De_interpretatione.Boethius.txt).

Bary, Wm. Theodore de, 2007, *Confucian Tradition and Global Education: The Tang Chun-I Lectures for 2005,* Hongkong: Chinese UP & New York: Columbia UP.

Bloomfield, Leonard, 1933, *Language,* New York: Holt.

Bolinger, Dwight L., 1946, »Visual Morphemes«, in: *Language* 22, 333–340.

Boltz, William G., 1994, *The Origin and Early Development of the Chinese Writing System,* New Haven, CT: American Oriental Society.

Boodberg, Peter A., 1937, »Some Proleptical Remarks on the Evolution of Archaeic Chinese«, in: *Harvard Journal of Asiatic Studies,* 2.3, 329–372.

Brekle, Herbert Ernst, 1981, »Zur Integration eines speziellen Typs ikonischer Elemente in primär schriftsprachlichen Wortbildungen einiger europäischer Sprachen«, in: *Europäische Mehrsprachigkeit. Festschrift zum 70. Geburtstag von Mario Wandruszka,* hg. von Wolfgang Pöckl, Tübingen: Niemeyer, 197–207.

Champollion, Jean-François (Le Jeune), 1822, *Lettre à M. Dacier relative à l'alphabète des hiéroglyphes phonétique,* Paris: Firmin Didot; übernommen als Chapitre II in die zweite Auflage des *Précis,* 1828.

–, 1824, *Précis du système hiéroglyphique des anciens Égyptiens,* Paris: Imprimerie Royale / Treuttel et Wurtz; *online:* http://books.google.ch/books?id=604GAAAAQAAJ&pg=PA1&lpg=PA1&dq=champollion,+précis-du-système-hiéroglyphique; zweite, revidierte Auflage: Imprimerie Royale, 1828.

Coe, Michael D., 1992, *Breaking the Maya Code,* London: Thomas & Hudson 1992; deutsch: *Das Geheimnis der Maya-Schrift,* Reinbek: Rowohlt, 1997.

Crystal, David, 2008, *Txtng: The Gr8 Db8,* Oxford UP.

Daniels, Peter T., & William Bright, eds., 1996, *The World's Writing Systems,* Oxford UP.

DeFrancis, John, 1984, *The Chinese Language: Fact and Fantasy,* Honolulu: University of Hawaii Press.

–, 1989, *Visible Speech: The Diverse Oneness of Writing Systems,* ebenda.

Descartes, René (Renatus Cartesius), ¹1641, *Meditationes de Prima Philosophia,* Paris: Michael Soly; ²1642, Amsterdam: Elzevirius; *Les méditations touchant la première philosophie,* Paris: Camusat et Le Petit ¹1647, Bobin et Le Gras, ³1673; zitiert nach *Oeuvres de Descartes,* volumes VII & IX.

–, 1897–1913, *Œuvres de Descartes* I–XIII, publiées par Charles Adam et Paul Tannery [zitiert: AT], Paris: Vrin; zitiert: AT.

Deutsche Rechtschreibung: Vorschläge zu ihrer Neuregelung, 1992, hg. vom Internationalen Arbeitskreis für Orthographie, Tübingen: Narr.

Falk, Harry, 1993, *Schrift im alten Indien,* Tübingen: Narr.

Falkenstein, Adam, 1936, *Archaische Texte aus Uruk,* Berlin: Harrassowitz.

Fenollosa, Ernest, 1918, *The Chinese Written Character as a Medium for Poetry,* ed. by Ezra Pound, San Francisco: City Lights.

Frege, Gottlob, 1879, *Begriffsschrift, eine der arithmetischen nachgebildete Formelsprache des reinen Denkens,* Jena: Nebert.

Gelb, Ignace Jay, 1952, *A Study of Writing,* University of Chicago Press; Revised Edition, 1963.

Gleitman, Lila R., & Paul Rozin, 1977, »The Structure and Acquisition of Reading«, *Toward a Psychology of Reading,* ed. by Arthur S. Reber & Don L. Scarborough, New York: Wiley, 51-141.

Grice, Paul, 1969, »Logic and Conversation«, zitiert nach der revidierten Version in: *Studies in in the Ways of Words,* Cambridge, MA: Harvard UP, 1989: 1–143.

Hackmann, Heinrich, 1928, *Der Zusammenhang zwischen Schrift und Kultur in China,* München: Reinhardt.

Hannas, William C., 1997, *Asia's Orthographic Dilemma,* Honolulu: University of Hawaii Press.

Hansen, Chad, 1993, »Chinese Ideographs and Western Ideas«, in: *The Journal of Asian Studies* 52: 373–399.

Hegel, Georg Wilhelm Friedrich, 1822–31, *Vorlesungen über die Philosophie der Geschichte;* zitiert nach *Werke in 20 Bänden,* hg. von Eva Moldenhauer und Karl Markus Michel, Frankfurt am Main: Suhrkamp, 1970, Band 12.

Holenstein, Elmar, 1975, *Roman Jakobsons phänomenologischer Strukturalismus,* Frankfurt am Main: Suhrkamp.

–, 1979, »Von der Poesie und der Plurifunktionalität der Sprache«, Einleitung zu: Roman Jakobson, *Poetik,* Frankfurt am Main: Suhrkamp, 7–60.

–, 1983, »Zur Semantik der Funktionalanalyse«, in: *Zeitschrift für allgemeine Wissenschaftstheorie* 14, 292–319.

–, 1985, *Menschliches Selbstverständnis,* Frankfurt am Main: Suhrkamp.

–, 1988, »Semiotica universalis«, Einführung zu: Roman Jakobson, *Semiotik: Ausgewählte Texte 1919–1982,* Frankfurt am Main: Suhrkamp.

–, 1998, *Kulturphilosophische Perspektiven,* Frankfurt am Main: Suhrkamp.

–, 2004, *Philosophie-Atlas,* Zürich: Ammann.

–, 2008, »Zur Relativität des sprachlichen Relativismus«, in: *Wege zur Kultur: Gemeinsamkeiten – Differenzen – Interdisziplinäre Dimensionen,* hg. von Hamid Reza Yousefi *et al.,* Nordhausen: Bautz, 343–360.

Humboldt, Wilhelm von, 1823–24, »Über den Zusammenhang der Schrift mit der Sprache«, in: *Werke,* 5. Band, hg. von Albert Leitzmann in der Akademie-Ausgabe von Humboldts *Gesammelten Schriften,* Berlin: Behr, 1906; Photomechanischer Nachdruck, Berlin: de Gruyter, 1968: 31–106.

–, 1824, »Über die Buchstabenschrift und ihren Zusammenhang mit dem Sprachbau«, ebenda, 107–133.

–, 1825–26, »Lettre à Monsieur Abel-Rémusat«, ebenda, 254–308.

–, 1830–35, »Über die Verschiedenheit des menschlichen Sprachbaues und ihren Einfluß auf die geistige Entwicklung des Menschengeschlechts«, in: *Werke,* 7. Band, ebenda, 1907: 1–344.

Ickler, Theodor, 1997, *Die sogenannte Rechtschreibreform – ein Schildbürgerstreich,* St. Goar: Leibnitz; online: www.deutschland-kehrt-

zurueck.de/dokumente/ickler_die_sogenannte_rechtschreibre-
form.pdf

Jakobson, Roman, 1960, »Linguistics and Poetics«, in: *Selected Writings,* Volume III, The Hague: Mouton, 1981: 18–51.

–, & Linda Waugh, 1979, *The Sound Shape of Language,* Blooming-
ton: Indiana UP; Reprint in *Selected Writings* VIII, Part I, Berlin:
Mouton De Gruyter, 1988.

Jaspers, Karl, 1949, *Vom Ursprung und Ziel der Geschichte,* München:
Piper.

Kant, Immanuel, [1]1781/[2]1787, Kant, *Kritik der reinen Vernunft,* Riga:
Hartknoch; zitiert nach der Ausgabe von Raymund Schmid
(1930), Hamburg: Meiner, 1956.

Kennedy, George A., 1958, »Fenollosa, Pound and the Chinese Character«, in: *Yale Literary Magazine* 126/5: 24–36; Reprint: http://
pinyin.info/readings/texts/ezra_pound_chinese.html

Kwan, Tze-wan, 2001, »Wilhelm von Humboldt on the Chinese
Language« Interpretation and Reconstruction«, in: *Journal of Chinese Linguistics,* 29 (2), 169–242.

Ledyard, Gari, 1997, »The International Linguistic Background of
the Correct Sounds for the Instruction of the People«, in: *The
Korean Alphabet,* ed. by Young-Key Kim-Renaud, Honolulu: University of Hawaii Press, 33–88.

Marshack, Alexander, 1972, *The Roots of Civilizations: The Cognitive
Beginnings of Man's First Art, Symbol and Notation,* New York: Mc-
Graw-Hill, 2nd edition 1991.

Sartre, Jean-Paul, 1943, *L'être et le néant,* Paris: Gallimard.

Saussure, Ferdinand de, 1916, *Cours de linguistique générale,* Paris:
Payot.

Stetter, Christian, 1997, *Schrift und Sprache,* Frankfurt am Main:
Suhrkamp.

Thomas Aquinas, 1270/71, *Expositio libri Peryermeneias* (Kommentar
zu Aristoteles' Schrift *Peri Hermeneias,* Paris); kritische Edition:
Sancti Thomae de Aquino Opera Omnia, tomus I, Paris: Vrin, 1989.

Wenzel, Christian Helmut, 2007, »Chinese Language, Chinese
Mind?«, in: *Cultures: Conflict – Analysis – Dialogue,* ed. by Christin

Kanzian & Edmund Runggaldier: *Publications of the Austrian Ludwig Wittgenstein Society,* New Series, 3, 295–314.

Wittgenstein, Ludwig, 1921, *Tractatus logico-philosophicus;* revidierte deutsche und englische Ausgabe, London: Routledge & Kegan, 1963.

DIE SCHWEIZ – EIN STUDIENOBJEKT INTERKULTURELLER POLITOLOGIE

»Typisch Ostasiatisches«
in der Verfassungstradition der Schweiz

Komplexe Kulturtraditionen wie »die westeuropäische« und »die ostasiatische« unterscheiden sich nicht dadurch, wie es traditionellen Kulturtypologen ins Konzept passen würde, daß man in der einen Wesentliches findet, das den anderen völlig abgeht. In der Regel findet sich vielmehr in einer Kultur etwas in den Vordergrund gerückt, das in anderen im Hintergrund bleibt. Bei der Hinwendung zu einer anderen Kultur kann man so, verstärkt durch den Verfremdungseffekt des ungewohnten Kontexts, auf etwas aufmerksam werden, für das man in der eigenen Kultur im Empfinden stumpf geworden ist.

Der Rekurs im Fall eines Rechtsstreits auf einen Schlichter, der das Vertrauen beider Streitparteien besitzt, und informelle Prinzipien des menschlichen Zusammenlebens wie »Billigkeit« *(fairness/equity)* und »Treu und Glauben« sind dafür gute Beispiele. Informelle Konfliktlösung gilt als prämodernes, die *rule of law* als modernes Verfahren. Von der neueren, nicht mehr nur auf den »Westen« beschränkten vergleichenden Rechtswissenschaft werden sie als besonders typisch für Japan ausgegeben. Man findet sie aber ebenso prominent in anderen ostasiatischen Ländern vertreten, in China zumal, wo man sich dazu gleicherweise auf Kong Zi (Konfuzius) und Lao Zi berufen kann.

Informelles Recht

Informelle Konfliktlösungsverfahren sind aber auch in »westlichen« Rechtstraditionen kein Fremdkörper. Traditionell besonders ausgeprägt finden sie sich in der Schweiz. Hier sind sie allerdings beim gegenwärtigen Zeitgeist gefährdet. So weit wie nur möglich sollten mit der revidierten schweizerischen Bundesverfassung von 1999 bislang ungeschriebene und das heißt immer auch informelle Verfassungsprinzipien in geschriebene Verfassungsartikel überführt werden. Die Ambivalenz einer möglichst vollständigen Kodifikation des Rechts wurde unterschätzt. Jedes schriftlich fixierte Prinzip zieht früher oder später Ausführungsgesetze nach sich. Transparenz und Rechtssicherheit wurden als Argument für die Formalisierung vorgebracht. Das Bestreben zur Verschriftlichung aller Grundprinzipien machte auch vor dem Anspruch auf ein Handeln nach »Treu und Glauben«, dem zentralen Prinzip der informellen, nichtlegalistischen Konzeption menschlichen Zusammenlebens, nicht halt. So dürfte die Schweiz der erste Staat sein, der dieses Prinzip in seiner Verfassung[1] zu einem Grundrecht erklärt hat. Die traditionelle Wertschätzung informeller Rechtsprinzipien macht sich hier in paradoxer und so auch irgendwie erfrischender Weise bemerkbar.

In China sind sich die beiden bekanntesten und zivilgesellschaftlich wirkungsmächtigsten philosophischen Bewegungen, Rujia (»Gelehrtenschule«, Konfuzianismus) und Daojia

1 Artikel 9.

(»Wegschule«, Daoismus), an einer Front einig: in der Ablehnung der dritten klassischen philosophischen Strömung, des Fajia (»Gesetzschule«, Legismus). Das legistische Denken hatte sich, anders als die konfuzianische und daoitische Denkart, mehr in den Regierungsstellen als in den wissenschaftlichen Akademien durchzusetzen vermocht. In einem in der chinesischen Philosophie viel zitierten Brief des Traditionalisten Shu Xiang an Zi Chan, den Kanzler des Staates Zheng, im sechsten Jahrhundert vor unserem Zeitrechnungswechsel liest man:

> Wenn die Leute erst einmal wissen, daß es Gesetze gibt, werden sie keine [von Respekt getragene] Scheu mehr vor den [kompetenzmäßig und moralisch legitimierten] Autoritäten haben. Sie werden einem streitsüchtigen Geist verfallen, sich auf die Buchstaben des Gesetzes berufen und spekulieren, daß ihre Übeltaten nicht unter die vorgesehenen Bestimmungen fallen. [...] Mein Herr, dies hat man mir beigebracht: Wenn ein Staat vor dem Untergang steht, gibt es immer viele Regierungsverordnungen.[2]

Das Lao Zi zugeschriebene *Dao De Jing*[3] verkündet dieselbe Ansicht in noch drastischerer Sprache:

> Je mehr Verbote es unter dem Himmel gibt, desto ärmer wird das Volk. Je gekünstelter die Behandlung der Bevölkerung ist, desto unglaublichere Schliche kommen auf. Je mehr Gesetze und Verordnungen erlassen werden, desto größer die Zahl der Diebe und Räuber.

2 Zitiert nach Needham, 1956: 522, & Haley, 1991: 26.
3 Kapitel 57.

177

Sucht man heute eine nicht minder eindrücklich formulierte Bestätigung für den 2500jährigen chinesischen Gesetzesstaat-Skeptizismus, findet man sie in der parlamentarischen Debatte über die Neufassung des Sprachenartikels der schweizerischen Bundesverfassung. Umstritten war in der sich über ein halbes Jahrzehnt hinziehenden Auseinandersetzung einzig und allein die Überführung von zwei bisher ungeschrieben und auch unbestritten gebliebenen Verfassungsprinzipien in geschriebene Verfassungsartikel. Dabei hat das eine Prinzip etwas so Hehres wie ein fundamentales Freiheitsrecht (»Die Sprachenfreiheit ist gewährleistet«) und das andere etwas staatspolitisch so Kluges wie den föderalistischen Schutz von Minderheitenterritorien zum Inhalt. Der erste Vorschlag zur Verankerung des Territorialitätsprinzips[4] lautete: »Bund und Kantone sorgen für die Erhaltung und Förderung der Landessprachen in ihren Verbreitungsgebieten.«

Das Bundesamt, von dem die Kodifikation der bisher praktizierten Sprachenpolitik vorgeschlagen worden war, sah offensichtlich nur, was ihm vordergründig als Gewinn erscheinen mußte, die Transparenz der ungeschriebenen Rechtslage. Von den Gefahren, die im Hintergrund lauerten, schien es nichts wissen zu wollen.

Das Experiment [der Revisionsvorlage] zeigte nämlich, daß die erprobte Mehrsprachigkeit der Schweiz nicht das Ergebnis expliziter Sprachnormen ist, sondern existentiell von der stillschweigenden Annahme und pragmatischen Anwendung einiger Verhaltensregeln lebt. – Zum Verhängnis wurde der Versuch des Bundes, die beiden ungeschriebenen Normen ver-

4 Das Territorial(itäts)prinzip regelt die Geltung einer Rechtsordnung in einem bestimmten Gebiet (Territorium).

fassungsrechtlich zu fixieren. Ihre gegenläufigen Tendenzen hatten [bisher] den Verfassungsgeber bewogen, diese beiden Prinzipien bewußt in einem rechtlichen Schwebezustand zu belassen und sich bei Konflikten auf ein ausgleichendes Urteil des Bundesgerichtes zu verlassen. Dieses stillschweigende Einvernehmen wurde durch den sprachpolitischen Ehrgeiz des Bundes gestört.[5]

Eine formelle und konzise Kodifikation kann zu spitzfindigen Folgerungen verleiten und zu Ausführungsbestimmungen zwingen, die gerade verhindern, was mit ihnen angestrebt worden war: Klarheit und Rechtssicherheit. Eine fortschreitende Reglementierung hat Unübersichtlichkeit, Verwirrung und nimmer endende Streitfälle zur Folge. Im Parlament verwies ein Freiburger Nationalrat (Cyrill Brügger) auf die Erfahrungen, die man in seinem Kanton gemacht hatte. Im doppelsprachigen Kanton Freiburg/Fribourg hatte ein Sprachenartikel, um den acht Jahre lang gefeilscht worden war, schließlich die Zustimmung des Volkes erhalten,

im Glauben, nun hätten die bisweilen äußerst hart geführten Auseinandersetzungen endlich ihr Ende gefunden. Weit gefehlt, denn nun entbrannte bei der konkreten Ausgestaltung des Anwendungsgesetzes die eigentliche Diskussion erst recht. [...] Wie der Teufel das Weihwasser so fürchten ein Großteil der Bewohner und vor allem verantwortliche Lokalbehörden an der Sprachgrenze Gesetze und Reglemente in der Sprachenfrage. Nicht umsonst hat der *syndic* einer großen Agglomerationsgemeinde Freiburgs in Bezug auf die Sprachenfrage das *beaumot* geprägt: *Celui qui legifère le moins, legifère le mieux.*

5 Lautenschütz 1993 und 1995.

Chinesischer, noch wortkräftiger und weiser, hätten sich der schweizerische Parlamentarier und sein *syndic* nicht ausdrükken können.

Sprachgrenzen sind fließende Grenzen. Ihre Fluktuation hängt von Faktoren ab (Wirtschaftsentwicklung, Mobilität der Bevölkerung), deren staatliche Regulation weder immer möglich noch immer tunlich ist. In der 1999 erneuerten Bundesverfassung der Schweizerischen Eidgenossenschaft heißt es entsprechend nicht mehr, wie es die Bundesverwaltung 1991 vorgeschlagen hatte, daß Bund und Kantone für die Erhaltung und Förderung der Landessprachen in ihren Verbreitungsgebieten sorgen, sondern zurückhaltender: »Um das Einvernehmen zwischen den Sprachgemeinschaften zu wahren, achten [die Kantone] auf die herkömmliche sprachliche Zusammensetzung der Gebiete und nehmen Rücksicht auf die angestammten sprachlichen Minderheiten.«[6] Der Bund (die zentrale Instanz des Staates) beschränkt sich subsidiär darauf, »die Verständigung und den Austausch zwischen den Sprachgemeinschaften« zu fördern und »die mehrsprachigen Kantone bei der Erfüllung ihrer besonderen Aufgaben« zu unterstützen, insbesondere bei der Erhaltung und Förderung der rätoromanischen und der italienischen Sprache, der beiden kleinsten und am ehesten gefährdeten traditionellen Minderheitensprachen der Schweiz.[7]

Die Sprachenfreiheit wird in der neuen Verfassung nicht, wie anfänglich vorgesehen, im zitierten Sprachenartikel, sondern herausgehoben im vorangehenden Grundrechtekatalog[8] aufgeführt, unmittelbar nach der »Meinungs-, Informations- und Medienfreiheit«, für die sie als eine Voraussetzung ange-

6 Artikel 70 Absatz 2.
7 Artikel 70 Absatz 3−5.
8 Artikel 18.

sehen werden kann. Der verfassungsrechtlich geschützte Gebrauch der Muttersprache trägt jedoch zur »Meinungs-, Informations- und Medienfreiheit« wenig bei, wenn es sich um eine Sprache mit geringer Verbreitung handelt. In der Schweiz ist hierfür die Beherrschung zumindest einer der beiden dominanten Landessprachen erforderlich, und weltweit immer mehr die des Englischen. Wer in der Deutschschweiz die sprachliche Tradition und ebenso die Verständigung zwischen den Landesteilen erhalten will, muß die heute zunehmend gefährdete Diglossie[9] fördern, die gleichzeitige Beherrschung von schweizerdeutscher Mundart und deutscher »Hochsprache«[10] und die Fähigkeit zum spontanen Wechsel von einem Ausdrucksmittel zum anderen in Abhängigkeit von Funktion, Gegenstand und Adressat der Rede. Die Diglossie anstelle der eigenständigen Entwicklung des regionalen Idioms zu einer Schriftsprache ist es, was die Schweiz in Europa von den Niederlanden und von Katalonien unterscheidet – und sie mit nicht minder an politischer Autonomie interessierten, jedoch in dieser Hinsicht weniger erfolgreichen Landesteilen in China vergleichbar macht.

Kollektives Recht

Die Sprachenfreiheit ist in rechtsphilosophischer Hinsicht ganz besonders bemerkenswert. Sie ist ein griffiges Beispiel dafür, (a) wie menschliche Individualität und Sozialität, Freiheitsrechte und körperschaftliche Bedingungen miteinander verschränkt sind, (b) wie die aus dieser Verschränkung abgeleite-

9 Wörtlich »Zweisprachigkeit«. Fachausdruck für die Beherrschung des Dialekts und der Standardsprache einer Region.
10 In der Schweiz »Schriftdeutsch« genannt.

ten kollektiven Rechte individuelle Rechte zugleich ermöglichen und einschränken[11] und entsprechend ambivalent beurteilt werden und (c) wie hinreichende gesellschaftliche Voraussetzungen der Freiheitsrechte nicht in jedem Fall von einem
Staat – in einklagbarer Weise – garantiert werden können.

Der eigentliche Zweck der Sprachenfreiheit ist eine menschenwürdige und allseits geachtete Entfaltung der individuellen Persönlichkeit. In den komplexen Gesellschaften, in denen
die Mehrheit der Menschen heute lebt und auch leben möchte,
genügt die Sprachenfreiheit diesem Zweck nur, wenn man mit
der gewählten Sprache an einer reichen Sprachkultur und -tra-
dition teilhat. Dafür ist eine gewisse Größenordnung der Verbreitung der Sprache vorausgesetzt. Das ist der Grund, weshalb die Angehörigen einer bedrohten Sprache bestrebt sind,
das Prinzip der Sprachenfreiheit mit einem Territorialitätsprinzip zu koppeln, mit dem sie das traditionelle Verbreitungs-
gebiet ihrer Sprache (und damit die Anzahl ihrer Sprecher)
glauben erhalten zu können. Notfalls können sie versuchen,
eine unaufhaltsame Entwicklung mit Rechtsklagen einzudämmen. Das Territorialitätsprinzip schränkt nicht nur unvermeidlich, jedoch (wenn es um die Erhaltung einer bedrohten
Sprache geht) in vertretbaren Grenzen, die Sprachenfreiheit
Anderssprachiger ein, es macht die Freiheit der Angehörigen
einer Minderheitensprache, die an ihrer Muttersprache festhalten wollen, auf die Dauer überhaupt erst sinnvoll.

Der Nutzen des Territorialitätsprinzips im Fall einer traditionellen Landessprache wird darin gesehen, daß sie als »ein
einigendes Band« zwischen allen Bevölkerungsteilen, Altein-
gesessenen und Zugewanderten, fungiert. Im Fall von Min-

11 Die Zahl der Sprachen im Umgang mit staatlichen Behörden, vor
Gericht und in den öffentlichen Schulen ist beschränkt.

derheitensprachen ist der Nutzen des Prinzips jedoch empfindlich beschränkt. Es ist ein großer Unterschied, ob jemand eine Sprache spricht, die von weniger als 100 000 Menschen gesprochen wird, oder eine Sprache mit über 100 Millionen Sprechern. In einer Minderheitensprache ist es nahezu unmöglich, eine Mittelschule mit exzellenten Lehrmitteln ausschließlich in der eigenen Sprache zu absolvieren. Für ein erstklassiges Universitätsstudium gilt dies heute offensichtlich nicht nur für die Sprecher von Minderheitensprachen, sondern für die Sprecher aller Sprachen mit der Ausnahme der Sprecher der universalen englischen *lingua franca*. Ebenso ist die inhaltliche Spannbreite und gar oft die Qualität der Medien von der Größe des sprachlichen Einzugsgebietes abhängig. Ein Schriftsteller einer Sprache mit einer reichen Tradition verfügt über einen ganz anderen Fundus an literarischen Anregungen und damit über einen ganz anderen Freiheitsraum an Ausdrucksformen als ein Schriftsteller einer Minderheitensprache mit einer unvermeidlich beschränkteren literarischen Überlieferung.

Sprechern einer Minderheitensprache macht es wenig aus, ihrerseits das Territorialitätsprinzip zu respektieren, wenn sie in ein Gebiet umziehen, in dem eine der großen Sprachen der Menschheit Unterrichtssprache ist. Ihre Kinder können nur davon profitieren, wenn sie eine Schule besuchen, in der sie diese Sprache beherrschen lernen. Etwas anderes ist es, wenn jemand, der von Hause aus eine »Weltsprache«[12] spricht, in

---

12 Statt von »Weltsprachen« spricht man neuerdings passender, aber noch immer großspurig von »Mega-Sprachen«. »Globale Sprachen« und, auch nicht ohne Bedenken, »Geosprachen« bieten sich als Alternativen an. – Als Philosoph hat man Hemmungen, »Welt« gleichbedeutend wie »Erde« zu gebrauchen. Für Philosophen hat »die Welt« die gleiche Ausdehnung wie »das All«.

eine Region versetzt wird, in der eine Minderheitssprache als Schulsprache vorgeschrieben ist. Nicht jeder Staat hat das Glück, daß seine Minderheitensprachen den Status und das Prestige haben, das die beiden größeren Minderheitensprachen der Schweiz, Französisch und Italienisch, besitzen oder zumindest bis vor kurzem besessen haben. Sie sind Minderheitensprachen in der Schweiz, aber nicht im angrenzenden Ausland. Französisch war bis vor kurzem eine mit dem Englischen in manchen Bereichen (vor allem in Literatur und Diplomatie) erfolgreich rivalisierende »Weltsprache«. Die italienische Sprache ist seit der Renaissance mit Kunst, Musik und einem besonderen Lebensstil assoziiert. Die dritte schweizerische Minderheitensprache, Rätoromanisch, ist eine bedrohte Minderheitensprache. Ihr gegenüber fällt es der reichen und dank der beiden anderen Minderheitensprachen in sprachlichen Angelegenheiten toleranten und auf ihre Toleranz stolzen Schweiz nicht schwer, sich sprachpolitisch großzügig zu zeigen.

Daß die Schweiz zwei Minderheitensprachen aufweist, deren Ansehen nicht nur Toleranz (im wörtlichen Sinn von »Duldung«), sondern Respekt ihnen gegenüber erleichtert, ist kein Verdienst, das die Schweizer sich selbst zuschreiben können. Die französische und die italienische Sprache verdanken ihr Achtung einflößendes Ansehen nicht der Schweiz und ihrer besonderen politischen Kultur. Die Schweiz ist deshalb nur in einem sehr eingeschränkten Ausmaß ein Modell oder Schulbeispiel, dem man entnehmen kann, mit welchen gezielten Vorkehrungen man ein tolerantes Verhältnis zwischen Sprechern verschiedener Sprachen in einem und demselben Land herbeiführen kann. Sie ist jedoch ein interessantes Studienobjekt zur Erforschung und Klärung der kontingenten Bedingungen, unter denen sprachliche und kulturelle Toleranz (im

Sinn von »Achtung«) Minderheiten gegenüber leichtfällt und leicht zu pflegen ist. Ansehen und Gewicht einer Sprache sind etwas geschichtlich Gewachsenes, aber nicht etwas, über das die Menschen und die Staaten, in denen sie leben, frei verfügen und das sie entsprechend nach Bedarf herstellen können.[13]

Die kollektiven Menschenrechte sind in der politologischen Diskussion infolge ihrer Verfechtung hauptsächlich durch »linke« Parteien und Regimes vorbelastet. Das Besondere des Rechts auf den angemessenen Schutz des Verbreitungsgebietes einer Sprache besteht darin, daß es ein kollektives Recht ist, das man nicht als »sozialistisch« abtun kann. Es bezieht sich nicht auf eine materielle, sondern auf eine kulturelle Forderung. Seine Begründung ist, wenn man unbedingt ein politologisches Schlagwort brauchen möchte, »kommunitaristisch« und nicht »sozialistisch«. Nach kommunitaristischer Auffassung wird der Mensch in eine Gemeinschaft hineingeboren, mit deren kulturellen und nicht zuletzt sprachlichen Eigenheiten behutsam umzugehen ist, wenn die freie Entfaltung der persönlichen Fähigkeiten der großen Mehrheit der Bevölkerung gewährleistet sein soll.

In der Diskussion um das kollektive Recht einer kulturellen Minderheit auf Schutzmaßnahmen wird gelegentlich eingeworfen, das ökologische Prinzip des Artenschutzes lasse sich nicht auf Kulturen übertragen. Kulturen, Sprachen, Lebensformen, irgendwelche traditionellen »Sitten und Gebräuche« hätten Anspruch auf Schutz nicht um ihrer selbst willen, sondern allein weil sie der Identitätsbildung, der Wertschätzung und der Selbstachtung ihrer Mitglieder dienen und sie diese gegebenenfalls vor »unzumutbar asymmetrischen Auswirkun-

---

13 Vgl. dazu die Studie »Ist die viersprachige Schweiz ein Modell für plurikulturelle Staaten?« in: Holenstein, 1998a: besonders 18–21.

gen allgemeiner Gesetze« bewahren.[14] Selbstbewußte Ange-
hörige solcher Kulturen, Kultursachverständige und Menschen mit einem Sensorium für den ideellen Gehalt einer vom
Untergang bedrohten Kultur können aber auch der berechtig-
ten Meinung sein, daß bedrohte Kulturen als Reservoir von
menschlichen Kreationen für mögliche zukünftige interkulturelle Kontaktaufnahmen oder auch nur zu Bildungs- und Er-
kenntniszwecken aufzubewahren sind, als *living human treasure*
nach der Art und Weise, wie in Japan seit 1950 und heute in
zunehmend mehr Ländern individuelle Vertreter von Kunst-
arten, deren Weiterführung gefährdet ist, als *living national treasure* auf Staatskosten unterhalten werden, ähnlich wie das für
materielle »Landesschätze« selbstverständlich ist. Natürlich
geht es nicht an, Menschen gegen ihren eigenen Willen und
ohne Rücksicht darauf, was es für sie bedeutet, wie bedrohte
Tierarten in geschützten Reservaten wie in einem Gehege leben zu lassen. Jeder Mensch hat das Recht, vorübergehend
oder dauerhaft seine Heimat zu verlassen, seine Herkunfts-
kultur im Kontakt mit einer anderen Kultur lebendig zu erhalten und so vor kultureller Verarmung und sterilisierender
Musealisierung zu bewahren, sie umzuformen oder auch ganz
aufzugeben.

China gehörte zu den Staaten, die sich auffällig für die Ergänzung der individuellen Menschenrechte durch kollektive
Rechte, insbesondere das Recht auf Entwicklung einsetzten.
Es wäre kurzsichtig, dieses Engagement ausschließlich mit der
kommunistischen Ideologie der gegenwärtigen Regierung zu
erklären. Schon Sun Yat-sen (Sun Yixian), der Gründungs-

14 Vgl. Habermas, 1996: 258 ff., von Norbert Mecklenburg, 2008:
141 f., vorbildlich im Rahmen einer Gesamtwürdigung von Habermas'
Beiträgen zur Lösung von Problemen, mit denen wir uns in multikultu-
rellen Gesellschaften konfroniert sehen, referiert.

präsident der ersten Chinesischen Republik, vertrat in den Erläuterungen zu seinen »Drei Volksprinzipien« *(sanmin zuyi)* von 1924 die Ansicht, daß zur Realisation des Prinzips der Demokratie zuallererst hinreichende wirtschaftliche und soziale Voraussetzungen zu schaffen sind.[15] Chinesen mit ihrer konfuzianischen Tradition haben seit Jahrtausenden ein ausgeprägtes Sensorium für die gesellschaftlichen und wirtschaftlichen Bedingungen, die den einzelnen Menschen ein geglücktes menschliches Leben ermöglichen.

Mit dem in der Schweiz praktizierten sprachlichen Territorialitätsprinzip läßt sich die Verschränkung von individuellem und kollektivem Recht ohne »sozialistische« Assoziationen illustrieren. Die Vorkämpfer des sprachpolitischen Territorialitätsprinzips kommen denn auch sowohl aus dem rechten wie aus dem linken politischen Lager.

Eine Synthese von archaischen und modernen Strukturen

Bei den schweizerischen Verfassungstheoretikern des 19. Jahrhunderts, vom Schelling-Schüler Ignaz Paul Vital Troxler (1780–1866) bis Carl Hilty (1833–1909),[16] fällt heute auf, wie sehr sie von einer konstitutionellen Kontinuität zwischen der Alten Eidgenossenschaft von 1291 bis 1798 und dem neuen Bundesstaat von 1848 überzeugt waren.[17] Die Überzeugung

15 Vgl. Mühlemann, 2006: 334 f.

16 Carl Hilty, ein führender Völkerrechtler seiner Zeit und gleichzeitig ein erfolgreicher Verfasser populärtheologischer und -philosophischer Schriften, ist mutmaßlich der meistgelesene schweizerische Autor in Japan. Seine Bücher über *Glück* (1891–99) und *Für schlaflose Nächte* (1901) waren unter japanischen Intellektuellen von den 1930er bis in die 1970er Jahre hinein Bestseller.

nährte sich zweifelsohne von einer Idealisierung der politischen Verhältnisse vor 1798. Ideologisch wurde sie gestützt von den »historisch-organischen« Rechts- und Staatslehren der Romantik in der ersten Hälfte des 19. Jahrhunderts. Die Kontinuitätsannahme diente keineswegs nur der nachträglichen Werbung für die neue Verfassung und der erleichterten Identifikation mit ihr. Der Glaube, daß die Kontinuität nicht nur möglich, sondern in Anbetracht der geschichtlich gewordenen Verhältnisse auch zu wahren und zu respektieren ist, kann als ein gewichtiger Impuls für die bundesstaatliche Konzeption der Verfassung von 1848 angesehen werden.

Mit der neuen Verfassung wurden aber auch die politischen Freiheitsrechte der Individuen und das Gewaltenteilungsprinzip, die zwei zentralen Verfassungsziele der politischen Revolutionen des 18. Jahrhunderts, festgeschrieben und dauerhaft gesichert. So hat man die schweizerische Bundesverfassung von 1848 zu Recht als eine Synthese des »historisch-organischen« Rechtsdenkens der Romantik der ersten Hälfte des 19. Jahrhunderts und des »naturrechtlich-liberalen« Rechtsdenkens der vorangegangenen Aufklärungszeit dargestellt. Die Synthese ist dadurch erleichtert worden, daß die revolutionären naturrechtlichen und liberal-demokratischen Ideen des 18. Jahrhunderts in der Schweiz seit den 1830er Jahren, als das »historisch-organische« Denken bereits wirksam war, in einem zweiten Anlauf (nachdem der erste, radikale, in direktem Anschluß an die Französische Revolution, kläglich gescheitert war) in einer gemäßigten Form, in umsichtiger Ausrichtung auf die geschichtlichen Vorgegebenheiten in der Schweiz und zusätzlich mit einer Orientierung an der Konzeption der Vereinigten Staaten von Amerika rezipiert worden sind.

Charakteristisch für die rechtswissenschaftliche Tradition in der Schweiz, die auf diese Synthese zurückgeführt werden kann, ist ein ausgeprägtes Bewußtsein dafür, daß menschliche und staatliche Rechtsansprüche natur- wie kulturgeschichtliche, soziologische und psychologische Voraussetzungen haben, von denen sie ermöglicht und in ihrer Eigenart geprägt werden. Eine allein auf abstrakte ethische Ideale ausgerichtete Rechtslehre gilt als unrealistisch:

> Es ist nicht möglich, den Rechtsinhalt auf ein Prinzip zurückzuführen. Jeder solche Versuch läßt [...] einen großen ungelösten Rest übrig. Vielmehr sind es zwei Momente, aus deren dialektischem Ausgleich der Rechtsinhalt hervorgeht: ethische Forderungen einerseits, vitale Notwendigkeiten und Bedürfnisse andererseits. [...] Denn Vitales ohne Ethik ist blind, Ethik ohne Vitales substanzlos.[18]

Vertrauen ist nicht nur gut und Kontrolle besser, sondern Vertrauen ist für den Zusammenhalt in einem Staat ebenso unentbehrlich wie Kontrolle.

Die Geschichtswissenschaft mit ihrem Erkenntnisinteresse am Besonderen jeder geschichtlichen Situation neigt dazu, die Unterschiede zwischen den Epochen stärker herauszustellen als das sie Verbindende. Die Tendenz wird noch verstärkt, wenn das Verbindende in der Vergangenheit aus einem pragmatischen Interesse »mythisch« überhöht worden ist. Der Philosophie mit ihrem Erkenntnisinteresse am Grundsätzlichen fällt es leichter, von den andauernd sich wandelnden Zeitbedingungen zu abstrahieren.

Von einem philosophischen Standpunkt aus erscheint so die schweizerische Bundesverfassung von 1848 nicht nur (polito-

---

18 Schindler, 1931: 35 f. Mehr dazu in Holenstein, 1998b sowie in Fortführung der dort begonnenen Überlegungen oben im zweiten Essay S. 59 ff.

logiegeschichtlich betrachtet) als eine schöpferische Synthese romantischer (historisch-organischer) und aufklärerischer (naturrechtlich-liberaler) Staatslehren, sondern ebenso (realgeschichtlich betrachtet) als eine Synthese archaischer und moderner politischer Strukturen, die ersten repräsentiert durch die »Alte Eidgenossenschaft« (die knapp 500 Jahre von 1291 bis 1798 während traditionelle Schweiz), die zweiten durch die »Helvetische Republik« (den nur gerade fünf Jahre von 1798 bis 1803 ersten schweizerischen Verfassungsstaat nach dem revolutionären Modell der Ersten Französischen Republik).[19] Als solche scheint sie sozusagen präadaptiert zu sein für eine Vorreiterrolle bei der heute angezeigten Neueinschätzung und Wiederaufnahme von aktuell gewordenen Strukturen archaischer Gesellschaften.

Träger des Bundesstaates sind in der Schweiz »Volk und Stände«,[20] d. h. (modern) Individuen mit garantierten universalen Menschenrechten und (traditionell) Gebietskörperschaften mit dem Recht zu partikulären Verfassungsregelungen und Gesetzeserlassen. Als konstitutiv für das Zusammenleben gelten, einander zugleich ergänzend und begrenzend, sowohl genossenschaftliche (d. h. dem Typ nach vorstaatlich-zivilgesellschaftliche) als auch spezifisch staatliche Grundsätze und Instrumente der Konfliktbehebung: Billigkeit, Treu und Glauben sowie Vergleichs- und Vermittlungsverfahren einerseits und striktes Recht und Zwangsbefugnis andererseits.[21]

19 Mit den in der Schweiz beliebten symbolischen Gründungsdaten kann man »1848« als eine Synthese von »1291« und »1798« bezeichnen.

20 Traditionelle schweizerische Formel für »Volk und Kantone« bzw. »Volk und Gliedstaaten«.

21 Vgl. dazu und zum Folgenden die Studie »Worin unterscheiden sich die Gesellschaftsverträge der Schweizer- von jenen der Philosophiegeschichte?« in: Holenstein, 1998a: 44–79.

Die Synthese ist von mehr als nur historischem Interesse. Im nordatlantischen Teil der Erde kommt es nahezu zyklisch zu kommunitaristischen Wellenbewegungen, mit denen die als allzu legalistisch und individualistisch empfundenen Ausformungen des »liberalen Staats« korrigiert werden sollen. Gleichzeitig sehen sich heute asiatische und afrikanische Demokratien vor die Aufgabe gestellt, ihre noch immer lebendigen traditionellen Ordnungskräfte und -strukturen mit den durch die Wirtschaftsentwicklung sich aufdrängenden Rechtsstaatsmodellen aus Amerika und Europa zu verbinden. Der Erfahrungsschatz, den die Schweiz, 1848 in einer analogen Lage, mit der geglückten Synthese ihrer Bundesverfassung zu bieten hat, dürfte so für vergleichende Rechtswissenschaftler und für Politiker, die nach pragmatischen Verbindungen von »traditionellen« und »modernen« staatstragenden Strukturen Umschau halten, von einem noch längere Zeit anhaltenden Interesse sein. Die Zukunft föderaler Staatsverfassungen ist gesichert. Für die Synthese von »traditioneller« genossenschaftlicher und zivilgesellschaftlicher Moral und »modernem« staatlichen Recht läßt sich dasselbe, wenn nicht als Wirklichkeit, so doch als Zielvorstellung gleicherweise voraussagen.

Allzu lange, wenn auch geschichtlich erklärbar, hat sich die Schweiz allzu einseitig als eine Antithese[22] zur sie umgebenden Staatenwelt verstanden. Angemessener und zugleich zu-

22 Lüthy, 1969. In den Jahren nach 1968 ist es unter schweizerischen Literaten Mode geworden, die Antithese nicht mehr zwischen der Schweiz und den umgebenden Staaten zu sehen, sondern zwischen der »modernen Schweiz« seit 1848 und der »prämodernen«, nur vermeintlich demokratischen »Alten Eidgenossenschaft« von 1291. Anders als die nicht minder auf Reformen bedachten schweizerischen Rechtswissenschaftler haben sie den Synthesecharakter der Bundesverfassung von 1848 aus dem Auge verloren.

kunftsträchtiger, wenn auch ungewohnt und ohne Erläuterung mißverständlich, ist ihre Einschätzung als eine Synthese von archaischen und modernen Ordnungsstrukturen oder, noch provokativer (und in sicherlich nicht unproblematischer) Sprache ausgedrückt, von sogenannten »modernen europäischen« und sogenannten »traditionellen asiatischen Werten«. Die Problematik dieser Redeweise besteht darin, daß sie leicht zu einer dichotomischen Zuordnung von allgemeinen menschlichen Wertvorstellungen an einzelne Kulturen verleitet.[23]

In den gegenwärtigen Menschenrechtsdiskussionen wird vor allem von »nichtwestlichen« Staaten mit Berufung auf ihre eigene Kulturtradition eine Ergänzung der individuellen Menschenrechte durch eine Art korporative oder kollektive Rechtsansprüche gefordert. In der Schweiz hat die Verbindung von individuellen und körperschaftlichen Rechten ebenfalls Tradition. Sie ist konstitutiv für ihr Staatsverständnis und für den Zusammenhalt und inneren Frieden des Landes. Sie ist keineswegs auf die oben dargelegte Verbindung der individuellen Sprachenfreiheit mit einem Territorialitätsprinzip zum Schutz des Ausbreitungsgebiets der vier offiziellen Landessprachen beschränkt. Ebenso und noch fundamentaler wird seit der Gründung des modernen Bundesstaates im Jahre 1848 der radikal demokratische Grundsatz »eine Person – eine Stimme« auf einer zweiten, gleich gewichtigen Ebene mit dem föderalistischen Grundsatz »ein Kanton - eine Stimme«, unabhängig von der Bevölkerungszahl, verknüpft.[24] Verfassungsänderungen müssen nicht nur von der Mehrheit der Bevölkerung, son-

23 Vgl. oben S. 20 sowie Holenstein, 1998c.
24 In der zweiten Kammer des Parlaments, dem Ständerat, hat jeder Kanton, unabhängig von seiner Bevölkerungszahl, nach dem Vorbild des Senats in den USA zwei Vertreter. Für sie gilt (anders als für bestimmte Volksabstimmungen) »ein Kanton – zwei Stimmen«.

dern auch von der Mehrheit der Gliedstaaten angenommen werden. Von der Schweiz kann man lernen, daß eine Verbindung von individuellen und kollektiven staatspolitischen Rechten dann am ehesten erfolgreich sein dürfte, wenn die kollektiven Rechte nicht ethnisch oder berufsständisch definierten Körperschaften (Religionsgemeinschaften, Berufsverbänden, Wirtschaftszonen, sozialen Klassen und auch nur sehr eingegrenzt Sprachgemeinschaften) zugesprochen werden, sondern zwar geschichtlich gewachsenen, jedoch primär geographisch definierten Gebietskörperschaften, deren Grenzen nicht einfach mit sprachlichen, konfessionellen oder ökonomischen Trennlinien zusammenfallen.

Ein zweiter Beleg für den Synthese-Charakter »typisch« schweizerischer Ordnungsstrukturen ist die anhaltende und nachdrückliche Pflege des Rechtsprinzips von »Treu und Glauben« (französisch: *bonne foi*), von dem im Abschnitt über informelles Recht kurz die Rede war. Es nimmt, von der Geschichtsschreibung anscheinend unbemerkt und entsprechend unthematisiert, in den Rechtsdokumenten der Schweiz einen beachtenswert prominenten Platz ein, und zwar vom allerersten erhaltenen Bundesbrief von 1291 (in lateinischer Sprache: *bona fides*) bis zum international berühmtesten schweizerischen Rechtstext, dem Zivilgesetzbuch von 1907, und nunmehr, wie oben erwähnt, auch in der 1999 erneuerten Bundesverfassung.[25] Fehlendes Geschichtsbewußtsein kann sein Gutes haben. Das Nicht-Wissen um das Alter und die Traditionsgeladenheit des Grundsatzes von »Treu und Glauben« bewahrte seine Aufnahme in die Verfassung vor einer »restaurativen«

25 Vgl. dazu die bereits erwähnte Studie »Worin unterscheiden sich die Gesellschaftsverträge der Schweizer- von jenen der Philosophiegeschichte?« in: Holenstein, 1998a: 66–71.

Motivation oder auch nur dem Verdacht einer solchen. Motiviert wurde seine Aufnahme in den Grundrechtekatalog der Verfassung offenkundig von aktuellen Bedürfnissen und vielleicht auch von der zunehmenden Bedeutung des Völkerrechts, in dem »Treu und Glauben« seit je einen zentralen Platz einnimmt. Eine gewisse Konvergenz in den Leitlinien zwischen dem allgemeinen Völkerrecht und der schweizerischen Bundesverfassung kommt nicht von ungefähr. Die moderne Schweiz ist nicht aus einem vorstaatlichen Verband hervorgegangen, sondern aus einem Staatenbund. Es mag auch mehr als nur ein Zufall sein, daß der einzige Beitrag aus der Schweiz zum ersten deutschsprachigen Kommentar der Charta der Vereinten Nationen, verfaßt vom Berner Rechtswissenschaftler Jörg Paul Müller (1991), die *good-faith*-Klausel in Artikel 2 Ziffer 3 dieser »Welt-Charta« zum Thema hat.

Es ist üblich, der Schweiz aufgrund ihrer geographischen Lage eine Vermittlerrolle in Hinblick auf die drei bedeutenden europäischen Sprachkulturen, an denen sie mit eigenen Landesteilen partizipiert, zuzuschreiben. Man hat sie dafür mit dem schönen Titel *Helvetia mediatrix* bedacht. Von ihrer eigenartigen, eigensinnigen und eigenwilligen Rechts- und Staatsgeschichte her kann man heute von ihr mehr und über das kleine Europa Hinausreichendes erwarten: eine zeitgemäße Vermittlung zwischen archaischen und modernen, ideologisierend als konservativ-kommunitaristisch und liberal-individualistisch bezeichneten Gesellschaftsstrukturen. Die Schweiz hat jedoch allen Grund, ihre Rolle bescheidener zu definieren als in der Vergangenheit. Sie bietet sich als ein Stu-

---

26 Und nicht als ein Schulbeispiel, sofern man unter diesem Wort ein Vorbild und nicht bloß ein Beispiel zur Schulung und zur Einübung gewisser Ansichten versteht.

dienobjekt[26] dafür an, wie geglückte gesellschaftliche und staatliche Verhältnisse nur zu einem Teil von politisch lenkbaren Faktoren abhängen, zum andern Teil jedoch von Bedingungen, die, orts-, zeit- und umstandsabhängig, menschlicher Macht und Manipulation entzogen sind.

Wendet man sich aus dem aktuellen Interesse an einer interkulturellen Politologie China zu, fällt einem, soweit einem die Literatur sprachlich zugänglich ist, nicht allein auf, wie »morallastig« die Staats- und Gesellschaftslehren sind. Es fehlt, wie bereits erwähnt, jedoch keineswegs an einer legistischen Gegenströmung. Was überrascht, ist vielmehr, daß die Erwartung, in China zeichne sich die Philosophie bei allen Themen durch ein »ganzheitliches Denken« aus, von dem untereinander Widerstreitendes und einander Widersprechendes systematisch auch als einander harmonisch ergänzend aufgezeigt wird, in der Politologie eine Enttäuschung erfährt. Zwischen zivilen Tugenden und staatlichen Gesetzen wird in der klassischen Literatur weniger die Komplementarität herausgestellt als vielmehr ein Antagonismus. Faktisch freilich findet man die beiden wohl unvermeidlicherweise dennoch gekoppelt, so in eklatanter Weise in Singapur, wo die Regierung seit Jahrzehnten penetrant einen konfuzianischen Moralismus predigt und gleichzeitig einen rigiden Legalismus praktiziert, d. h. jener politologischen Schule folgt, die in der Vergangenheit den Konfuzianern spinnefeind war und sich auch entsprechend verhalten hatte, bis hin zum Verbot und zur Verbrennung der gegnerischen Bücher.

In Europa fällt ebenfalls auf, daß das Land mit der ausgeprägtesten Tradition nichtkodifizierten Rechts, Großbritannien, gegenüber dem geschriebenen und systematisierten Recht, dessen Zunahme infolge der globalen wirtschaftlichen und technologischen Entwicklungen international unumgehbar ist, ein eher antagonistisches Verhältnis pflegt. Seine spezielle Lage und Beziehung zum europäischen Kontinent mit dessen gegenläufiger Ausrichtung mag manches erklären. Analoges gilt im Osten Europas für Rußland, wo tendenziell die Moral des Volkes als in der eigenen Tradition verwurzelt angesehen und die mit dem Wirtschafts- und Gesellschaftswandel einhergehende Rechtsentwicklung als »Verwestlichung« empfunden wird. In der Schweiz fällt dagegen immer wieder eine ausgesprochen komplementaritätsbewußte und auch auf Komplementarität abzielende Einstellung zum Verhältnis sowohl von Moral und Recht wie von ungeschriebenem und geschriebenem Recht auf.[27] Zur Erklärung dieser Einstellung wird man über interne Faktoren hinaus ebenfalls ihre Lage und gleichzeitig ihre mit den genannten Ländern nicht vergleichbare Größenordnung anführen. Die Partizipation an der Kultur Frankreichs, die durch die Kleinheit des Landes und das Fehlen einer auf eine landeseigene Kultur (in Literatur und Kunst) ausgerichteten nationalen Ideologie gefördert worden ist, ermöglichte es der Schweiz, die neuzeitliche Ausgestaltung des demokratischen Rechtsstaates frühzeitig zu übernehmen. Gleichzeitig ermöglichte die geographisch begünstigte politische Unabhängigkeit des Landes, überlieferte und archaisch anmutende Ordnungsstrukturen selbstsicher und autonom in die von außen inspirierte moderne Verfassung überzuführen und einzubinden.

Die Schweiz hat sich im 20. Jahrhundert zu lange als politischen »Sonderfall« betrachtet und sich dabei inmitten der Europäischen Union in ein staatenweltliches Abseits manövriert. Zuvor schon hatte ihr nördlicher Nachbar mit der Fehlkon-

---

27 Und dazu von Triebnatur und ethischer Kultur. Vgl. das Zitat von Dietrich Schindler sen. oben S. 89.

struktion eines »deutschen Sonderwegs« sich und die halbe Welt zweimal in eine Katastrophe geführt. Heute versuchen sich beide Länder angestrengt so zu verstehen und zu geben, wie es einer standardisierten Auffassung aller anderen freiheitlichen und demokratischen Rechtsstaaten des »Westens« gemäß ist. Jeder Staat entwickelt jedoch, vergleichbar jedem menschlichen Individuum, in Abhängigkeit von seiner Geschichte und Geographie (d. h. auch von seiner Größe) unvermeidlich Besonderheiten. Sie sind es, welche von den Wirtschaftskapitänen als Standortvorteil gesucht oder als Standortnachteil gemieden werden. Sie sind es, von denen sich ein überindividuelles Selbstwertgefühl nährt, ohne dessen Pflege die wenigsten Menschen gut zu leben wissen.

Für die vergleichende Rechts- und Staatswissenschaft bleibt die Schweiz zumindest bei einer historischen Blickrichtung in manchen ihrer Facetten unbestritten und ohne Anführungszeichen ein als Studienobjekt immer wieder überraschender und entsprechend beliebter Sonderfall. Bei der heute anstehenden Ausweitung des Horizonts über Europa hinaus dürften die Überraschungen noch zunehmen.

In der methodologisch führenden Kulturwissenschaft, der Linguistik, läßt sich das Ergebnis der interlingualen Vergleichsstudien in vier Sätze zusammenfassen: (a) Jede Sprache hat ihre individuellen Eigenheiten. (b) Jede Sprache hat mit anderen Sprachen vieles gemeinsam, am meisten nicht nur mit den geschichtlich verwandten, sondern ebenso, infolge kontaktbedingter Anpassungen und Abfärbungen, mit den geographisch benachbarten Sprachen. (c) Immer wieder stößt man jedoch auch bei geschichtlich und geographisch weit auseinanderliegenden Sprachen auf gemeinsame typologische Eigenschaften. (d) Insbesondere Strukturen, die in einer Sprache auffallend ausgeprägt sind, lassen sich zumindest ansatzweise auch in nahezu allen anderen Sprachen finden. In jedem der vier Sätze ist »Sprache(n)« problemlos durch »Kultur(en)« ersetzbar. Nichts spricht dagegen, daß in den anderen Kulturwissenschaften, Rechts- und Staatswissenschaft miteingeschlossen, Vergleichbares als Forschungsergebnis erwartet werden kann.

Ein Netz von typologischen Gemeinsamkeiten kreuz und quer über politische Grenzen, geschichtliche Entwicklungsläufe und geographische Entfernungen hinweg bietet Leitfäden an, denen folgend die politologische Verständigung und die politische Zusammenarbeit eine vielförmige Gestalt gewinnen können.

Literatur

Brügger, Cyrill, Votum im Schweizerischen Nationalrat, 1. Februar 1995.

Habermas, Jürgen, 1996, *Die Einbeziehung des Anderen*, Frankfurt am Main: Suhrkamp.

Haley, John Owen, 1991, *Authority without Power: Law and the Japanese Paradox*, Oxford UP.

Holenstein, Elmar, 1998a, *Kulturphilosophische Perspektiven: Schulbeispiel Schweiz − Europäische Identität − Globale Verständigungsmöglichkeiten*, Frankfurt am Main: Suhrkamp.

−, 1998b, »Vorstaatliche Voraussetzungen des Verfassungsstaates«, in: *Zeitschrift für Schweizerisches Recht* 139: 119−134.

−, 1998c, »Asiatische Werte − schweizerische Werte?«, in: *Neue Zürcher Zeitung*, 4. Juli 1998: 81.

Lao Zi, -6. bis -5. Jh. (?), *Dao De Jing* (»Klassiker des Wegs und der Tugend«); Textredaktion -4. bis -3. Jahrhundert.

Lautenschütz, Raul, 1993 & 1995, »Sprachenartikel« (Berichterstattung aus dem Berner Bundeshaus), *Neue Zürcher Zeitung*, 23. September 1993: 21; 2. Februar 1995: 13; 15. März 1995: 13.

Lüthy, Herbert, 1969, *Die Schweiz als Antithese*, Zürich: Arche; französisches Original: »La Suisse à contre-courant«, in: *Revue économique franco-suisse*, Paris, Décembre 1961; Reprint in: *Gesammelte Werke* III: *Essays I 1940−1963*, Zürich: Verlag Neue Zürcher Zeitung, 2003: 410−430.

Mecklenburg, Norbert, 2008, *Das Mädchen aus der Fremde: Germanistik als interkulturelle Literaturwissenschaft*, München: iudicium.

Mühlemann, Guido, 2006, *Chinas Experimente mit westlichen Staatsideen*, Zürich: Schulthess.

Müller, Jörg Paul, 1991, »Art. 2 Ziff. 2: Treu und Glauben«, in: *Charta der Vereinten Nationen: Kommentar*, hg. von Bruno Simma, München: Beck: 50−58.

Needham, Joseph, 1956: *Science and Civilisation in China*, Volume 2, Cambridge University Press.

Renner, Felix, 1968, *Der Verfassungsbegriff im staatsrechtlichen Denken der Schweiz im 19. und 20. Jahrhundert,* Zürich: Schulthess.

Schindler, Dietrich [sen.], 1931, *Verfassungsrecht und soziale Struktur,* Zürich: Schulthess.

Quellennachweis

Komplexe Kulturen
Gekürzte und revidierte Fassung von »Komplexe Kulturen«, in: *Wege zur Philosophie: Grundlagen der Interkulturalität*, hg. von Hamid Reza Yousefi *et. al.*, Nordhausen: Bautz, 2006: 175–196.

China – eine altsäkulare Zivilisation
Ausarbeitung von »Identifikationserfahrungen eines Philosophen aus Europa in Ostasien«, in: *Forum Mission*, Band 4: *Migration: Herausforderung für die religiöse Identität* I, Luzern: Romero Haus, 2008: 106–128.

Chinesisches in europäischen Alphabetschriften
Ausarbeitung der Textunterlage für einen Workshop über Interkulturalität im Department für Philosophie der Soochow Universität in Taipei 2007. Lau Kwok-ying, Mathias Obert, Christian H. Wenzel und vor allem Kwan Tze-wan danke ich für anregende Diskussionen trotz oder gerade wegen teilweise unterschiedlicher Auffassungen. Der Schlußabschnitt ist adaptiert übernommen aus »Die Kulturgeschichte der Menschheit: Ihre Konzeption bei Hegel (bis 1831), bei Jaspers (1949) und heute (1999)«, in: *Karl Jaspers – Philosophie und Politik*, hg. von Reiner Wiehl & Dominic Kaegi, Heidelberg: Winter, 1999, 163–184.

Die Schweiz – ein Studienobjekt interkultureller Politologie
Überarbeitete Fassung von »Labor interkultureller Politologie«, in: *Herausgeforderte Verfassung: Die Schweiz im globalen Kontext*, hg. von Beat Sitter-Liver, Freiburg, Schweiz: Universitätsverlag, 1999: 211–222, ergänzt mit adaptierten Auszügen aus »Vorstaatliche Voraussetzungen des Verfassungsstaates«, in: *Zeitschrift für Schweizerisches Recht* 139, 1998: 119–134.

Zhuangzi

Mit den passenden Schuhen vergißt man die Füße

Ein Zhuangzi-Lesebuch
Aus dem klassischen Chinesisch von Dr. Henrik Jäger
Mit Kalligraphien von Suishû Tomoko Klopfenstein-Arii
304 Seiten. Leinen mit Lesebändchen
ISBN 978-3-250-10529-9

Eines der herrlichsten Bücher Chinas« nannte es Hermann Hesse. Dessen Autor Zhuangzi war für ihn ein »Meister des Gleichnisses«. Dieses Buch hat viele Generationen chinesischer Gelehrter mit seiner Schönheit begeistert. Sie waren von der kreativen, paradoxen Weisheit und literarischen Qualität des Textes beeindruckt – ein Kaiser meinte sogar, keine Frau könne so schön sein wie dieser Text. Die vorliegende Ausgabe bringt einen Meister des Ostens nahe, der zu den Großen der Weltliteratur und Weltphilosophie gehört. Sie bietet dem Leser eine Auswahl philologisch fundierter Übersetzungen mit kompetenter Hintergrundinformation und Verständnishilfe. Zum Vorschein kommt ein Text, der gewohnte Denkweisen auf den Kopf stellt. Der Kerngedanke ist: das Leben so anzunehmen, wie es ist, »dem zu folgen, was ist«. Und auch um das Eigene geht es, das im Bild von den Schuhen zum Ausdruck kommt – jedem Menschen passen eben nur die eigenen Schuhe.

»Die Seele hat einen Halt, den sie nicht erkennen kann.«

Ammann Verlag

Imke Elliesen-Kliefoth

»Bergauf beschleunigen«

Gespräche über Gelingen und Erfolg
Mit Fotos. 496 Seiten. Englische Broschur
ISBN 978-3-250-30026-7
ODEON 26

Künstler bestimmen die Qualität einer Gesellschaft und benötigen dafür das Interesse einer möglichst breiten Öffentlichkeit – ein komplexer Vorgang gegenseitiger Durchdringung, der oft viel Zeit braucht. Unsere Gesellschaft will sich Kunst aber nur noch leisten, wenn unmittelbar Erfolg sichtbar wird. Das Kulturkarussell dreht sich also immer schneller: Verlage, Galeristen, Kulturinstitute jeglicher Ausrichtung und nicht zuletzt die Medien werden zu ihren eigenen Antreibern. Eine Gesellschaft sägt an dem Ast, der sie trägt. Da kommt die Frage: Was hat Erfolg eigentlich mit Kunst zu tun? einer Vollbremsung gleich. Imke Elliesen-Kliefoth führt in diesem Band siebzehn hochkarätige Gespräche mit wichtigen Persönlichkeiten des künstlerischen Lebens – etwa mit der Kulturpolitikerin Christina Weiss, dem Schriftsteller Ulrich Peltzer oder dem Maler Markus Lüppertz – und verschafft uns das Vergnügen, das Thema Erfolg aus den unterschiedlichsten Blickwinkeln zu betrachten.

»Glück ist etwas Existentielles, und Erfolg ist nicht existentiell.« *Adriana Hölszky, Komponistin*

Ammann Verlag

Georges-Arthur Goldschmidt

In Gegenwart des abwesenden Gottes

Essay
Aus dem Französischen von Brigitte Große
104 Seiten. Englische Broschur
ISBN 978-3-250-30014-4
ODEON 14

Wie hältst du's mit der Religion? – diese Frage stellt und beantwortet Georges-Arthur Goldschmidt sich selbst vor seinen Lesern. Als Kind jüdischer, zum Protestantismus konvertierter Eltern 1928 in Hamburg geboren, muß er vor der Judenverfolgung in Deutschland fliehen, die seine Familie bedroht. Er geht nach Frankreich, nimmt 1949 die französische Staatsbürgerschaft an und konvertiert zum Katholizismus. Heute, dem Schlimmsten entkommen und inzwischen durch drei Bekenntnisse gewandert, ersetzen ihm Seinsbegeisterung und Feier des Augenblicks den Glauben.

»Gott, der große Abwesende, ist mir meine ganze Existenz lang nicht von den Fersen gewichen, und dafür hätte ich beinahe den höchsten Preis gezahlt; denn Christ ›jüdischer Herkunft‹, Agnostiker, wenn nicht Atheist geworden, hatte ich alle Chancen auf meiner Seite, als nichts und niemandem zugehörig empfunden zu werden. Für jeden war ich das, was ich nicht bin, und nicht das, was ich war.«

Ammann Verlag

Fernando Pessoa
António Mora
Die Rückkehr der Götter
Erinnerungen an den Meister Caeiro

Aus dem Portugiesischen übersetzt,
herausgegeben und mit Anmerkungen und
einem Nachwort versehen
von Steffen Dix
528 Seiten. Leinen mit Lesebändchen
ISBN 978-3-250-10452-0

In diesen erstmals auf deutsch erschienenen religionsphilosophischen Schriften verbirgt sich Pessoa hinter dem Heteronym António Mora und wirft Fragen zur Rückkehr der antiken Götter sowie zu einem neuen Heidentum auf. Fragen, die nach der religiösen, moralischen und politischen Verunsicherung durch die Moderne heute noch aktuell sind und im Werk kontrovers diskutiert werden, da sich in der *Rückkehr der Götter* nicht nur Mora, sondern auch Caeiro, Reis und Campos zu Wort melden. »Die Religion ist ein gewaltiges metaphysisches Vergnügen, eine transzendente Erheiterung in dem durch die Sterne des außerordentlichen Universums beleuchteten Theater.«

Ammann Verlag

Dominique Bourel
Moses Mendelssohn
Begründer des modernen Judentums

Eine Biographie
Aus dem Französischen von
Horst Brühmann
816 Seiten. Leinen mit Lesebändchen
ISBN 978-3-250-10507-7

Moses Mendelssohn (1729–1786) wurde in Berlin rasch wegen seiner Klugheit von seinen Zeitgenossen Goethe, Kant und den Gebrüdern Humboldt anerkannt. Lessing hat ihm in der Figur Nathan der Weise ein Denkmal gesetzt.

Er war Ahnherr einer langen Liste von Aristokraten, Bankiers, Industriellen, Juristen, Offizieren, Politikern, Professoren, Religionslehrern und nicht zuletzt von einem Komponisten, Felix Mendelssohn. Diese kenntnisreiche Biographie Moses Mendelssohns, der den Eintritt der Juden in die moderne Philosophie- und Geistesgeschichte markiert, schildert seinen Werdegang zur verehrten oder gehaßten Figur eines Laienkults. Permanent stellt sich ihm die Frage: Wie kann man als Jude in die Tradition der abendländischen, speziell deutschen Philosophie eintreten, ohne zum christlichen Denker zu werden?

»Dieses Buch ist ein Monument der Gelehrsamkeit.«
Martin Ebel, Tages-Anzeiger

Ammann Verlag